mani
mani

漫履慢旅

大阪

▷◁ 休日慢旅 ‧ 能量無限 ▷◁
放自己一個漫慢假期 ‧ 漫晃步履 ‧ 慢心滿意

鮮豔的原色如洪水般湧來。美食街 道頓堀的熱鬧繁華（P2）／吃倒之都的名產講求便宜、快速、美味。土手燒、大阪燒等平民美食讓人大快朵頤。（P3）／新世界入夜後的景觀，懾人的量感直逼眼前，高聳的通天閣傲然而立。（P4）／夜晚的霓虹燈妝點著水都。道頓堀的固力果招牌極負盛名。（P6）／中之島〜堂島的辦公大樓區，也在夜晚的河面上投射美麗的燈火（P7）

013

Thank you!

016

043

068

075

將旅行One Scene融入生活

091

107

let's enjoy!

（符號標示）☎ 電話　**MAP** 地圖　🏠 地址　‼ 交通　💰 費用
🕐 營業時間　㉕ 公休日　💺 座位數　🅿 停車場

（地圖標示）🅰 觀光景點・玩樂景點　🅱 用餐　🅲 咖啡廳　🅳 伴手禮店・商店
🅴 酒吧・居酒屋　🅵 純泡湯　🅶 住宿設施　🅷 休息站　✕ 禁止通行

SCENE
1

@日本環球影城

— ゆにばーさる・すたじお・じゃぱん —

在日落的同時，整座園區展現出另一番面貌

園區內在傍晚～夜間，和白天儼然是兩個世界。到此觀光時，遊客很容易會安排以白天為主的暢遊行程，但錯過園區的另一番面貌，實在是太可惜了！霓虹璀璨的好萊塢區裡，好萊塢美夢·乘車遊的燈影閃爍，宛如拖著長尾巴的流星。而在哈利波特區，驚心動魄的張力，讓人不禁想懷疑是不是真的有

魔法師混在其中。如果要拍照的話，特別建議您選擇在日落後的 20～40 分鐘之間取景。這個時段看起來四周映照成一片藍色，景色絕美。還有，室外乘車型遊樂設施在晚上搭乘起來更刺激，和在白天搭乘是截然不同的體驗，請您務必兩種都來試試看！

RECOMMENDED BY

攝影師 ECRAN負責人

內池秀人先生

工作內容從藝人肖像到餐廳餐點照片、活動紀錄等，非常廣泛。另外也以電影攝影機拍攝4K影像。

我最愛的大阪5景♥日本環球影城

(港區)

ゆにばーさる・すたじお・じゃぱん

日本環球影城

在2016年3月歡慶15週年的日本環球影城，將成為一個帶給遊客更多期待的主題樂園。侏儸紀公園裡嶄新的雲霄飛車、以及紀念活動等，都不容錯過。另有發售期間限定的星光票，可自傍晚起以超低票價入園。

☎0570-20-0606(服務中心) MAP 附錄P23A1～C2
🏠大阪市此花区桜島2-1-33 🚉JR 夢咲線Universal City站步行3分
※詳細資訊請見→P102

① 霍格華茲城堡神秘的燈火。哈利波特說不定就在那扇窗裡？

② 哈利波特魔法世界的入口。不是應該禁用魔法的嗎？

③ 映照在潟湖上的七彩霓虹。本圖為從親善村方向所拍攝

④ 從商店和餐廳裡流瀉出來的燈光也很有情調

⑤ 從街燈上空劃過的好萊塢美夢。乘車遊，光影美不勝收

⑥ 環球奇境的設施也更顯夢幻

⑦ 曾長年擔任環球影城榮譽董事長的盧‧沃瑟曼銅像

SCENE 2

@NIFREL

― にふれる ―

1

2

RECOMMENDED BY

藝人・廣播DJ
荒川ユミ小姐

以關西地區為主要據點，工作內容橫跨阪
神虎情報雜誌及活動代言等。現為FM寶
塚「寶塚Fly me to the moon」
（83.5MHZ）節目固定班底。

SCENE
1
2
3
4
5

闖進生物們的世界了!?

於2015年11月開幕的EXPOCITY，其中極具話題的就是這個——在以「接觸○○」為概念的水族館裡，能夠和生物做非常近距離的接觸。尤其讓人大感驚訝的是「接觸行為」區。一進入這個空間，就可以看到動物們在四處走動。回過神來，還發現動物們在腳邊穿梭、鳥兒從頭上掠過。感覺就像是自己打擾了生物們的世界似的，是一種前所未有的感受。其他還有可以仔細觀察魚類生態的小水族箱、夢幻的影像藝術等，充滿了許多讓人想要看上好幾個小時的巧思。

SOUVENIR

(吹田)

にふれる
NIFREL

由海遊館（→P131）所策劃的「活著的博物館」，內有「接觸顏色」、「接觸姿態」等7大區域，讓水中、陸上生物在燈光等環境的襯托下，呈現出生動活現的姿態。從小朋友到大朋友，都能在此得到刺激感官的體驗。

☎0570-022060（代表號）MAP附錄P2C1
🏠吹田市千里万博公園2-1EXPOCITY內
🚉自地下鐵梅田站搭乘御堂筋線，19分到千里中央站，再轉乘大阪單軌電車，6分到萬博紀念公園站即到 Ⓥ入場大人（16歲以上）1900日圓 🕙10:00～20:00（有季節性變動，閉館1小時前停止入館。）🈚無休 Ｐ請利用EXPOCITY停車場（30分200日圓，NIFREL入館可享2小時免費停車）

1 「接觸行為」區。穴鴉很喜歡這個指示牌。

2 可以近身體驗生物們到處自由「活動」的世界。

3 鳥兒也自由地到處飛翔。還會從你身邊飛過去喔！

4 怎麼會長成這樣？「接觸姿態」區離奇妙的魚兒們

5 蝦子帶著喜氣洋洋的紅白顏色，在「接觸顏色」區迎接遊客到來

6 你看！環尾狐猴！攝於「接觸行為」區

7 說不定看得到白虎跳水？「接觸水邊」區

8 什麼味道？「吃的水」250日圓，在館內的咖啡廳「EAT EAT」

9 與人氣手巾廠商「かまわぬ」合作的豆類零嘴，每盒850日圓。

SCENE 3

@中之島SOCIAL EAT AWAKE
— なかのしまそーしゃるいーと あうぇいく —

活躍於時尚雜誌的讀者模特兒，同時也是北堀江訂製甜點店「Miss Dolce」的總策劃（該店目前暫停營業，預計2016年重新開幕）。

③

④

⑤

⑥

(中之島～本町)

なかのしまそーしゃるいーと あうぇいく
中之島SOCIAL EAT AWAKE

2015年6月開幕，位在大阪市中央公會堂地下樓的餐廳兼酒吧。餐點以法國菜和義大利菜為主，並經米其林星級主廚米村昌泰進行部份改良，獨到的食材搭配是一大亮點。精釀啤酒、常備30種的紅酒，以及親民的午餐，都不容錯過。

☎06-6233-9660　MAP 附錄P8D4
🏠大阪市北区中之島1-1-27大阪市中央公会堂地下1階 🍴地下鐵御堂筋線淀屋橋1號出口步行5分 🕚11:30～22:00LO(午餐時段～15:00LO、咖啡廳、酒吧～22:30LO。週六日、假日11:00～) 🚫第4週星期二 💺149 🅿無 ※全店禁煙

❶ 店內有125個座位，露天座位則有24個，寬敞程度足以因應宴會需求。	❷ 中之島的地標——大阪市中央公會堂。燈光和夜空相互輝映。	❸ 燈光與家具等現代的家飾，與歷史悠久的裝潢，協調度超群。
❹ 米村主廚的摩登TAPAS組合，1944日圓。是酒吧和餐廳共通的晚餐菜單。	❺ 店內精選出20種來自國內外的精釀啤酒。S810日圓～	❻ 法式嫩煎鮟鱇魚1998圓等。菜單可能依季節不同而隨時更換。

在開放的露天座位跟朋友聚餐，餐廳則是約會用♡

我最近很喜歡在紅磚外牆美輪美奐的復古大樓——大阪市中央公會堂裡新開的迷人餐廳。在這個原本就是社交場所的空間裡，保留昔日的室內裝潢，和現代家具與燈光所呈現出的對比，是別處所沒有的別緻氛圍。

店內分為餐館和酒吧。餐館空間裡設有沙發，最適合約會；春季和秋季時，坐在露天座位也很舒適。公會堂的復古氛圍與現代的時尚感、露天的開放感MIX在一起，這樣的空間只有這裡才找得到！

SCENE 4

@art&sweets cica

― あーとあんどすうぃーつ しか ―

RECOMMENDED BY

畫家・藝術家

silsil小姐

以關西為主要據點，進行現場創作（live painting）等活動的藝術家。以「魅力＝活力」為主題，呈現女性的內心世界。

FREEDOM IS OUT OF THIS WO

能夠讓人近距離感受藝術的店家

我第一次看到這裡的巧克力拉花時，真的非常感動。因為我看到了一幅又一幅細膩的插畫，在盤面上滿滿地盛開著。

我和店長elly小姐，原本就已經透過彼此的藝術活動建立了很深厚的情誼。我對她那股「想讓藝術更融入生活」的想法其實早有共鳴，但實際上看到作品之後，更是驚為天人⋯⋯要用巧克力醬繪製出細緻的圖畫，難度可是很高的呀！現在舉凡和朋友聚會、或為重要的人慶祝等等，我都經常選在這裡，因為拉花圖案可以指定店家畫肖像，很適合當作給對方的驚喜。店內員工們用心的服務，每每讓我不禁駐足久待。

① 用巧克力醬在美式鬆餅盤面上畫的拉花，讓人不禁發出歡呼。

② 以店長elly小姐為首的員工們親手繪製，可指定客製圖案。

③ 由於店長本人「喜歡小鹿♡」，因此店頭也有小鹿迎賓。

④ 店內的牆上也滿是藝術創作。這些全都是店長和員工們的作品。

⑤ 拉花美式鬆餅1000日圓（2016年4月以後預計調漲為1200日圓），價格親民

⑥ 在店內一隅還有販售藝術作品。這些也都是以融合藝術與日常為主題的創作。

⑦ 有elly小姐插畫的iPhone背蓋，2000日圓～，另有T恤等商品。

(心齋橋周邊)

あーとあんどすうぃーつしか

art&sweets cica

鋪滿美式鬆餅和法式土司盤面的甜～蜜蜜拉花。透過甜點傳達藝術的魅力，是極盡奢華的一盤。據說店內裝潢也是由員工親自操刀，是個充滿藝術的空間。在這裡享受悠閒的咖啡時光吧！

☎080-4914-6545 ㎅附錄P12F1
🏠大阪市中央区谷町6-3-25 🚇地下鐵谷町線谷町六丁目車站3號出口即到 ⏰10:00～19:00LO 休週二（逢假日時營業）㊶27 Ⓟ無

SCENE 5

@天滿

──てんま──

RECOMMENDED BY

關西電視台總務部專任部長
橫尾博臣先生

歷任攝影、音效等節目製作,到系統設計、網頁管理等工作,目前在總務部推動公司大樓翻修等業務。每週2天到天滿喝酒。

宛如置身亞洲！不管來幾年，這裡都還是個有趣的迷宮

我任職的關西電視台就在旁邊，所以在天滿喝酒已將近20年。這裡老店與新舖和諧共存，儘管區域不大，但優勢是選項繁多。原本這裡就是因市場而繁榮的地方，所以價格實惠、東西好吃、輕鬆愜意。氛圍上不像東京的下町，反倒像釜山或普吉島那種亞洲的熱鬧風情。這樣的街道，在其他地方是找不到的啦！對了對了，我帶路介紹別人到天滿來的時候，常常會自己想出一個「天滿8000日圓不醉不歸團」的行程：花4～5小時連續喝個4家店，例如無座小酒館→用餐→紅酒→吃麵做結束之類的。拿出1萬日圓就可以這樣痛快地酒足飯飽到隔天可能會宿醉的地步，這就是天滿。要不要我為您帶路介紹啊？

(天滿)

てんま

天滿

位在大阪的廚房——天滿市場的外圍，自古以來便有許多講求「便宜、快速、美味」的餐廳酒肆林立。特別是近幾年來，由年輕老闆所開設的親民小店快速增加，在當地也備受矚目。不論用餐或喝酒，這裡日、西、中無數種類的選項，最是誘人。

`MAP` 附錄P8F1～F2
🏠 大阪市北區天神橋4～5、池田町、錦町等地
🍴 JR大阪環狀線天滿站、地下鐵堺筋線扇町站即到
詳細資訊→P52

① 天滿市場內也聚集了多國的餐廳酒肆，「這裡究竟是哪裡？」

② 很多店家沒有門，因此到了冬天便拉起塑膠布簾禦寒，形成這裡獨特的景象。

③ 立ち飲み・天ぷら　やまなか（→P53）豐富的下酒菜，讓人一杯又一杯的喝。

④ 越是狹窄的巷子裡，每家店的菜色看起來越是美味。究竟是為什麼呢？

⑤ 不管用餐或喝酒，這裡不分時段，因應各式餐飲需求，是一條廣納百川的街。

⑥ 在PIZZARIA&BAR RICCO（→P53）一定會想吃的知名披薩。

⑦ 夜生活達人們每晚聚集的吧檯。今晚也酒酣耳熱……

⑧ 店裡的人的性格，也是讓人總愛往天滿跑的一大原因。一起去見見獨具個性的各路人馬吧！

ANOTHER

繼續看下去

我最愛的

熱愛大阪的5位旅遊達人在此分享
玩樂方式與精彩景點，說不定能發現

Q1
SPOT

**在大阪
最喜歡的地方
是哪裡？**

Q2
GOURMET

**非吃不可
的美食是？**

Q3
HOT NOW

**現在最受矚目的
旅遊主題‧景點
是什麼？**

A1 搭乘叮叮電車
漫遊下町散步去

搭大阪市內唯一的路面電車——阪堺（はんかい）電車移動個1～2站，還蠻有趣的喔！從新世界的惠美須町站（ MAP 附錄P21B1）到堺的這一段，途中會經過充滿當地氣圍的下町。周邊的物價便宜實惠，隨興走進有興趣的店家瞧瞧，會是一個很棒的經驗喔！

A2 還是要吃炸串
一定要坐吧檯

說來說去，新世界的炸串其實是很出色的。到位在錦鏘橫丁裡的「てんぐ」（→P37）或「八重勝」（P112），配上一杯啤酒……！那裡細細長長的吧檯很不錯，我喜歡它那種不同於桌位的臨場感。

A3 大阪現在儼然已是
咖哩之都

儘管非主流的獨立咖哩店仍在增加當中，使用自家烘焙的香料，堪稱咖哩的先驅「Bumblebee」，是連這些新生代老闆們也廣為支持的店家。（☎06-6534-0894 MAP 附錄P11B3）。我推薦時下備受矚目的野味咖哩。

攝影師 ECRAN負責人
內池秀人先生

A1 要購物，
就從北到南連著逛

圍繞在JR大阪站附近、大型百貨商場匯聚的北部，以及商店街和街邊店林立的南部，各有不同的魅力。我對北部的茶屋町一帶、以及南部堀江橘子街周邊恬靜時尚的氛圍情有獨鍾。

A2 在551蓬萊
大啖燒賣

這裡的肉包固然也很美味，但我推薦的是燒賣。肉既多汁又鮮甜，每一個的份量十足，叫人忍不住大快朵頤。建議搭配烏斯特醋食用。除了戎橋本店（→P128）之外，在百貨公司、JR新大阪站和機場都有販售喔！

A3 來一趟
EXPOCITY ♪

說到現在最受矚目的景點，莫過於2015年11月開幕的EXPOITY了。除了有NIFREL之外，還有LaLaport和眾多讓小朋友也能盡興暢遊的休閒娛樂設施。毗鄰的萬博紀念公園裡的太陽之塔也值得一看。（→P100）

藝人‧廣播DJ
荒川ユミ小姐

SCENE♥

其他大阪風景

更多更深入大阪的
全新的魅力與旅遊方式喔！

A1 凝聚時尚的「cor」

北堀江「cor」（MAP附錄P17B2）是個環抱著翠綠中庭的商場。2樓是餐廳，1樓則有選品店、法國雜貨，以及長壽飲食法的料理教室等等，凝聚了許多充滿堀江風格的商店，是我很喜愛的一個景點。

A2 選旭橙醋當伴手禮

愛吃火鍋的大阪人，幾乎可以說是家中必備這一味。它以酢橘的香氣為特色，除了火鍋之外，也可以佐涼拌豆腐、燙青菜等，百搭萬能。在大阪的百貨公司和超市都可以買得到，是我推薦的一款伴手禮。

A3 靭公園旁的「CAFE SIK」很別致！

靭公園周遭是時尚餐廳及咖啡廳、甜點店的一級戰區。2015年9月開幕的「CAFE SIK」（☎06-6441-9100 MAP附錄P11B2）裡，有著可以飽覽公園綠意的戶外露天座位區，棒透了！來到這裡會讓人想起紐約的中央公園，是個很特別的地方。

A1 文化基地美國村

大阪的年輕文化在此交錯匯萃，我很喜歡這裡散發出一種其他城市所沒有的多元融合氛圍。美國村裡有很多藝廊咖啡，街頭也充滿著藝術。我還參加了路燈彩繪活動喔！（→P126）

A2 便宜又美味我推薦烤內臟

大阪有很多又便宜又美味的東西，而我個人特別喜歡的是烤內臟。沾滿甜鹹醬汁的烤內臟，搭配上店裡的人和顧客濃濃的人情味，滋味加倍好吃。在韓國街的鶴橋等地有許多好店喔！

A3 試著和街上的人說說話吧！

探索深植於當地的文化，可以讓你看見這座城市的個性，旅行也會因此而變得更有意思。大阪真的有很多友善的人，請您隨興地和店員或街上的人說說話吧！說不定可以聽到在書裡或網路上所找不到的各種奇聞趣事喔！

A1 在難波花月劇場感受大阪風情

或許這已經是來到大阪的一個基本行程了，但我還是覺得應該要現場看一次吉本的表演。因為就算是看新喜劇，現場表演和電視上有種不同的趣味；落語（單口相聲）和漫才（對口相聲）也和東京的寄席（說書）不同。看完表演後，附近還有道具屋筋和裏難波等豐富的玩樂景點。（→P114）

A2 在道頓堀今井品嘗豆皮烏龍麵

這也是一個基本行程。麵要Q彈有勁，配上甜甜的豆皮，希望各位把湯喝到一滴都不剩。它真的是一碗會讓人回味再三的好味道（→P127）。還有……在關西吃燒肉和河豚絕對划算。尤其是燒肉，不會踩到地雷喔！

A3 每週三在扇町聽live演奏

在關西電視台扇町廣場1樓，每逢週三晚上7點、8點會舉辦免費的live演奏。各類型的音樂人以多樣的形式演奏。您可以在此輕鬆地接觸到當今的關西樂壇喔！（MAP附錄P8E2）

模特兒
山本理沙子小姐

畫家・藝術家
silsil小姐

關西電視台總務部專任部長
橫尾博臣先生

Check

從地圖瀏覽大阪街區

從哪裡玩起好？ 我的私房旅行

在安排行程之前，先確認一下大阪各區域的特色吧！
主要街區的位置都很接近，各區域間的交通也很便捷，一天就可以輕鬆暢遊兩、三個區域。

購物區域 ——————— P64 · 122

高樓大廈鱗次櫛比
是大阪的玄關

おおさかえき・うめだ

大阪站・梅田

此區的核心大阪站，
含括地下鐵、各個私
鐵的「梅田」站，以
及行人徒步區

以大阪站為中心向外延伸的轉運
區。車站周邊的「梅田」地區有百
貨公司及複合大樓林立，商店和美
食都相當豐富。縱橫梅田全區的地
下街也很著名。

散步遊區 ——————— P124

感受水都
寧靜的辦公大樓區

なかのしま～ほんまち

中之島～本町

夾在兩條河川之間的中之島，
有美術館和復古的建築物，是
絕佳的散步景點。從南側延伸
出去的辦公大樓區裡，散布著
餐飲和咖啡廳的名店。

中之島的地標
大阪市中央公會堂

散步遊區 ——————— P110 · 131

有主題樂園和水族館
充滿娛樂的地區

べいえりあ

港區

這裡有家喻戶曉的超人氣主題樂
園——日本環球影城。而位在南
側，與環球影城隔河相望的天保
山地區，是有著海遊館和大摩天
輪的海洋度假區。

於2016年喜迎15週年，越來越熱
鬧的日本環球影城 ② 來海遊館見
見世界上最大的魚——鯨鯊

尼崎

JR東海道本線

山陽新幹線

阪急神戶線

兵庫縣
尼崎市

大物

大阪市

阪神電鐵本線

阪神難波線

淀川

野田

JR大阪環狀線

西九条

九条

172

JR櫻島線
（夢咲線）

安治川

Universal City

日本環球影城

弁天町

近畿自動車道17系

43

阪神高速5號灣岸線

櫻島

港區

天保山

海遊館

大阪港

N

0　　　　2KM

來到天下名城
順便到附近散散步

おおさかじょうしゅうへん

大阪城周邊

絢爛華麗的天守閣，讓人彷彿看見了天下人——太閣秀吉的那個時代。城內已修建為一座公園，是賞櫻和賞楓的名勝。櫓和門等部分建築獲指定為重要文化財。

天守閣內部是一座博物館，在館內可以學習到大阪城和大阪的歷史

讓人吃倒的商店街與
時尚區域相鄰

みなみ

南部

以地下鐵難波站為中心，擴展出道頓堀和難波花月劇場等、一片充滿大阪風格的光景，還有很多大阪燒和章魚燒的名店。在道頓堀北側有心齋橋筋商店街的拱廊延伸，西側則有美國村、堀江等時尚景點。

1 色彩洪流！巨型招牌直逼頭頂的道頓堀周邊 2 堀江聚集了時尚敏銳度極高的服飾及雜貨店

通天閣 vs 阿倍野HARUKAS!?
到新舊兩個展望景點去

しんせかい〜あべの

新世界〜阿倍野

在通天閣腳下向外延伸的新世界，是一個便宜、美味炸串店林立的下町區域。而南大阪的玄關——阿倍野，則是有日本最高樓——阿倍野HARUKAS矗立。

1 請到離地300公尺的展望台瞭望。阿倍野HARUKAS 2 讓人想上去一次看看的大阪地標塔——通天閣

從哪裡玩起好？我的私房旅行

再玩遠一些

2015年11月開幕

えきすぽしてぃ

EXPOCITY
P100

佔地寬廣的複合設施。在萬博紀念公園區內一隅全新登場。在從大阪城搭乘電車往北、車程約30分鐘的地方，匯集了話題性十足的NIFREL、購物商場、以及大摩天輪。知名的太陽之塔也近在眼前！

Listen

須事先了解的基本二三事

我的旅行小指標

要住宿幾天？怎麼移動？該吃什麼？以下整理出能指引旅行疑難雜症的
10個小指標，不妨在安排行程時列入參考喔。

準備出發前…

2天1夜
就能玩遍

在市區內的移動相當便捷，只要有2天時
間，就可以玩遍主要觀光景點。1天大概可
以跑3個區域，所以就算要在日本環球影城
玩上一整天，只要安排得宜，剩下的1天應
該還是能夠暢遊大阪。

節令活動
也要查詢一下

市區氣候穩定，因此不管是盛夏或隆冬造訪，
對行程都不會有太大的影響，趁著節令活動的
時期造訪，可為旅途增添遊興。大阪這個商業
之都在年初舉辦的祭典——十日戎，以及象徵水
都的夏季天神祭，都洋溢著大阪獨特的活力。

主要節令活動

- 1月9～11日…十日戎
- 4月中旬…造幣局 櫻花隧道
- 7月24．25日…天神祭
- 11～1月…大阪．光之饗宴

就跟你說要吃
粉漿類食物和炸串啊！

在吃倒之都——大阪，不管吃什麼都不太會
踩到地雷。大阪燒、章魚燒、以及炸串等更
是講求「便宜又美味」，因此預算也不致於
太高。這些與城市氛圍緊緊相連的知名美
食，建議選在一級戰區品嘗。

在這裡就想吃這些知名美食

- 道頓堀…章魚燒、大阪燒
- 美國村…章魚燒
- 新世界…炸串
- 鶴橋…燒肉

要去日本
環球影城的話…

這樣一座一年到頭都有許多活動的主題樂
園，就連「該什麼時候去」也是很有學問。
每年照例在7～8月有夏季活動、9～10月是
萬聖節、11～12月則有聖誕節活動。2016
年為歡慶開園15週年，活動更豐富囉！

Listen

抵達大阪後…

陸上玄關是
新大阪站、大阪站

JR大阪站是陸路交通的起點，與地下鐵梅田站也相鄰。從新幹線的玄關——JR新大阪站出發，距離JR大阪站是1站、4分鐘車程。取道空路到大阪時，從大阪國際機場（伊丹機）可搭乘巴士到大阪站，車程30分；從關西國際機場（關空）則可搭乘JR到大阪站，車程70分。

在當地移動就搭乘
地下鐵、JR大阪環狀線

南北貫穿市中心區的地下鐵御堂筋線，直線串連了從新大阪到梅田、難波、新世界、天王寺等觀光景點，是大阪觀光的主要幹線。前往大阪城或日本環球影城時，可搭乘便捷的JR大阪環狀線。

還是想去看看！
道頓堀、新世界

提到最具大阪風情的景致，腦海中首先會浮現的就是這2個區域。這2個區域都有著極為五彩繽紛的招牌、開朗熱鬧的人群，讓人覺得「這就是大阪」。如果想換換口味的話，請別錯過水都——中之島、時尚之城美國村、堀江。

方便的住宿
在大阪站周邊

大阪的玄關——JR大阪站和梅田周邊聚集了各式各樣的飯店旅宿，加上還有JR和地下鐵經過，因此最適合作為旅遊的下榻據點。有意前往日本環球影城的話，毗鄰園區的合作飯店也可列入考慮。

搭郵輪
遊水都

大阪市中心區有道頓堀川、堂島川、土佐堀川等河川縱橫交錯，單走水路也可從北部～南部、大阪城和港區等地周遊。遊輪目前有許多不同路線的行程，要不要來趟不一樣的水上觀光呢？

找伴手禮就到
百貨地下美食街、新大阪站

在JR大阪站周邊的三大百貨——阪急、阪神、大丸的地下美食街裡，有琳瑯滿目的限定甜點與名品美食。此外，新大阪站內也有豐富的伴手禮店，甚至還網羅了京都和神戶名產，在旅行結束前一次採買時可多加運用。

我的旅行小指標

詳細交通資訊請見 P134

Route

不知道該怎麼玩時的好幫手
標準玩樂PLAN

如果您是第一次到大阪旅遊，不知道該往哪去的話，不妨試試這個行程。
把自己想去的店家穿插進去，打造出您專屬的旅行吧！

Plan

第 1 天

Start

地下鐵梅田站

　地下鐵8分，再步行2分

1 道頓堀

　步行即到

2 道頓堀美津の

　步行10分

3 美國村 堀江

　步行15分

4 難波花月劇場

　步行即到

5 裏難波

第 2 天

6 Dallmayr Café & Shop

　步行即到

7 中之島

　步行10〜20分

8 中之島 SOCIAL EAT AWAK

　步行10分，再搭地下鐵
　3分，出站步行即到

9 art&sweets cica

　地下鐵8分，
　再步行10分

10 GRAND FRONT 大阪

　步行即到

大阪站

Finish

道頓堀・美國村周邊 | 難波 | 中之島〜本町 | 心齋橋周邊 | 大阪站

第1天 〉 1 招牌巡禮

Start 梅田站 地下鐵

道頓堀 ——— P106

どうとんぼり
道頓堀

到有食倒太郎、螃蟹及河豚等招牌林立的商店街散步。外帶一份章魚燒來邊逛邊吃，也別有一番趣味。

第2天 〉 2 大阪燒午餐

道頓堀 ——— P32

どうとんぼりみずの
道頓堀美津の

在大阪燒老店裡，品嘗加了山藥、鬆鬆軟軟大阪燒當午餐。奢華的配料與散發著高湯香氣的麵糊，搭配上醬料的絕妙組合，只有在大阪才吃得到。

第2天 〉 6 早餐

中之島〜本町 ——— P42

だるまいやー かふぇ あんどしょっぷ
Dallmayr Café & Shop

置身於這家開在復古風格建築裡的咖啡廳，享用一大盤的德式早餐。以一杯香濃的咖啡，清爽地道聲「早安」。

第2天 〉 7 水岸散步

中之島〜本町 ——— P124

なかのしま
中之島

沿著兩條河川環抱的中之島地區往東信步漫遊。這裡除了水岸風光之外，還有美術館和懷舊的建築物星羅棋布，讓您盡享水岸氛圍。

Route

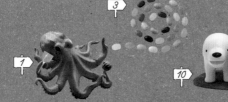

3 雜貨・咖啡廳

美國村・堀江 —— P126

あめりかむら・ほりえ
美國村・堀江

在南部的時尚城裡逛逛雜貨店和咖啡廳。時尚敏銳度極高的商店、時下流行的甜點、以及精品咖啡，伴您度過一段特別的時光。

4 欣賞搞笑表演

難波 —— P114

なんばぐらんどかげつ
難波花月劇場

要前往這個堪稱搞笑總本山的劇場，最好事先確認演出場次時間，並購買預售票。這裡挑選的是週末15：45～的場次。

5 晚餐續攤去

難波 —— P56

ウラなんば
裏難波

前往那條號稱是現在全大阪最熱鬧的酒館街。從餐酒館到無座小酒館、酒吧等等，應有盡有，讓您怡情盡興地一攤接一攤喝下去！

標準玩樂PLAN

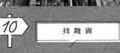

Finish

JR大阪站

8 午餐

中之島～本町 —— P14

なかのしまそーしゃるいーと おうぇいく
中之島SOCIAL EAT AWAKE

在復古櫺宇裡的餐廳享用午餐。沉穩內斂的裝潢和摩登的家具，搭配起來非常美妙。餐點有簡單的蛋包飯，也有午間套餐。

9 藝術咖啡廳

心齋橋周邊 —— P16

あーとあんどすうぃーつしか
art&sweets cica

在滿是藝術的咖啡廳裡，品嘗附有可愛插畫的美式鬆餅。附近的谷町～松屋町地區還保留了古老的町家建築，很適合散步逛逛。

10 找雜貨

大阪站 —— P64

ぐらんふろんとおおさか
GRAND FRONT 大阪

在這個與大阪車站連通的購物景點，幫自己找些旅行的伴手禮，直到接近末班車時間也無妨。選幾個可愛的小雜貨，留作這趟旅途的紀念吧！

WELCO

OSA

現在最想一探究竟的

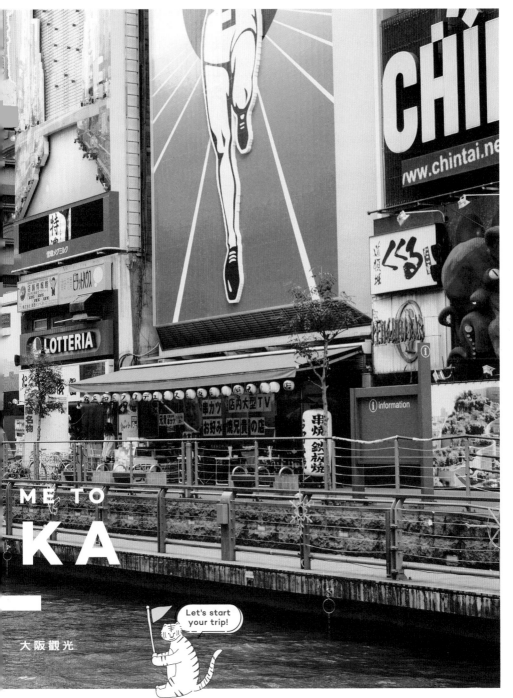

Let's start your trip!

大阪觀光

GOURMET GUIDE

大阪風情直線上升！
前往昭和復古的大阪燒店

保有昔日面貌的裝潢陳設、溫暖的人情味、樸素的好味道。在大阪燒店裡，古老而美好的大阪，彷彿會隨著醬汁的焦香一起氤氳升起。建議您來到這裡，享用大阪旅遊第一天的午餐。

COMMENTED BY 中谷晶子 EDITOR

1

大阪站・梅田

みふね
美舟

自己煎出來的也是「美舟的味道」
突顯出食材好品質的大阪燒

大阪燒原本是由顧客自行煎煮的一種餐點，儘管近年來由店家代勞的店舖日漸增加，但在這裡仍然維持著一貫的傳統作法。而就算顧客的煎煮技術不夠純熟，也能嘗到「美舟的味道」，靠的正是精挑細選過的食材。在優質麵粉當中添加山藥粉所調製出來的麵糊，能提引出高麗菜和配料的鮮甜。請品嘗美舟的這個自信之作。

2

3

1 就算對大阪燒的煎法不太有把握也無妨，老闆隨時會過來幫忙 2 從鐵板上直接用小鏟子吃，才是老饕吃法 3 創立於昭和23年（1948），從阪急東通商店街入口步行即到

☎06-6361-2603 MAP 附錄P14E3
🏠大阪市北区小松原町1-17阪急東通商店街内 🚶地下鐵御堂筋線梅田站步行5分
🕐12:00～14:30、18:00～22:00LO 🈺月休4天，不定休 🈯50 🅿無 ※不接受預約

SHOP DATA

SO ♥ DELICIOUS "OKONOMIYAKI"

醬汁・佐料
塗著滿滿的自製微甜
醬汁，最後撒上柴魚
和海苔粉

麵糊
粉選的是在日式甜
點製作上也會使用
到的高級品，另拌
入山藥粉

配料
豬肉是箇中經典。表
面煎到焦香的豬五
花，美味多汁

\ MAKING OF… /

1 先將一半的豬肉放上鐵板煎，
逼出油脂

豬肉燒
850日圓

5 用兩支大鍋鏟翻面。不要壓
擠大阪燒，讓它的兩面都仔細
煎透！

2 從碗底把剩下的配料和
麵糊拌勻之後，倒在鐵板上

3 調整成圓形之後略煎一下，
請閒聊片刻稍候。

4 煎5～10分鐘，邊緣處開始變硬
時…

GOURMET GUIDE

(道頓堀・難波)

おかる
おかる

老闆娘的「神之手」，以煎好的大阪燒為畫布，行雲流水地作畫……。這是以在客人面前用美奶滋現場作畫而廣受歡迎的大阪燒店。以特製蓋子悶煎過的蓬鬆餅皮裡，充滿了配料的鮮甜滋味。請您務必來嘗嘗這一片在溫潤口味上澆淋了玩心的大阪燒。

☎06-6211-0985 ᴍᴀᴘ附錄P18E1
🏠大阪市中央区千日前1-9-19 🚇地下鐵御堂筋線難波站15-A出口步行5分 🕐12:00～14:30LO、17:00～22:00LO 🈺週四（如遇假日可能會調整）🈳50 Ⓟ無

1 首先要來份招牌的豬肉大阪燒，800日圓 2 讓人期待會畫出什麼圖案來！？新圖續陸開發中 3 創立於昭和21年（1946），至今仍保有當時的懷舊氛圍

(道頓堀・難波)

どうとんぼりみずの
道頓堀美津の

創立於昭和20年（1945），相傳是大阪歷史最悠久的大阪燒店。儘管是老店，但卻網羅了許多發揮獨特奇想的創意大阪燒。其中，麵糊不加一粒粉，只用100%山藥做成的山藥燒，奢華的配料鮮甜全都滲進山藥黏稠的口感裡，是一款名作。

☎06-6212-6360 ᴍᴀᴘ附錄P16E4
🏠大阪市中央区道頓堀1-4-15 🚇地下鐵御堂筋線難波站14號出口步行5分 🕐11:00～21:00LO 🈺無休 🈳38 Ⓟ無

1 1620日圓的山藥燒，裡面到處都是干貝和厚厚的豬肉
2 在客人面前現場煎烤的專業技術，讓人看得著迷
3 1樓是吧檯，2樓是桌位，就算人數多也可以容納得下

1 吧檯座位上洋溢著臨場感。專家們的煎烤技術也是味道的一部分？ 2 推薦菜色是豬肉蛋燒680日圓。摩登燒則是770日圓

(大阪站・梅田)

きじ本店
きじほんてん

位在JR高架軌道下的實力派店家。除了招牌的大阪燒之外，請務必試試摩登燒。麵條一邊沾附加入高湯打勻的蛋液、一邊拌炒，幻化成一道蛋包炒麵風的傑作佳餚。一起來品嘗甜鹹醬汁與滑潤蛋液所譜出的美味和弦吧！

☎06-6361-5804 MAP 附錄P14D2
🏠大阪市北区角田町9-20新梅田食道街1F 🍴JR大阪站御堂筋南口步行3分 🕚11:30〜21:30LO 🈺週日 🈺23 🅿無

(道頓堀・難波)

福太郎
ふくたろう

在充滿活力的馬蹄型吧檯上，大阪燒接連煎烤完成。最受歡迎的蔥燒，裡面大量使用大阪產的難波蔥，加熱過後更顯清甜。搭配滷成甜鹹口味的牛筋、以及醬香四溢的醬油，對味極了。

☎06-6634-2951 MAP 附錄P18E2 🏠大阪市中央区千日前2-3-17 🍴地下鐵御堂筋線難波站3號出口步行5分 🕚17:00〜翌日0:00LO（週六日、假日12:00〜23:00LO） 🈺無休 🈺48(含本館及別館) 🅿無

1 首先要品嘗這一道牛筋蔥燒，1080日圓 2 年輕人夜夜聚集在此，是裏難波地區（→P56）的老字號

1 沿商店街的狹窄巷道往東走，此處散發著一股懷舊氛圍 2 內有一整片豬肩里肌肉的千草燒，950日圓

(天滿)

お好み焼き 千草
おこのみやき ちぐさ

開在天神橋筋巷子裡的大阪燒店。高湯混合了柴魚和豬骨湯底，醬汁也以多款種類來調合，打造出自豪的獨家口味。店內承襲傳統作法，由顧客自行煎烤，但煎法難度較高的千草燒，就交給店內工作人員代勞吧！

☎06-6351-4072 MAP 附錄P8F2
🏠大阪市北区天神橋4-11-18 🍴JR大阪環狀線天滿站步行3分 🕚11:30〜21:00 🈺週二（逢假日則翌日） 🈺56 🅿無 ※不接受預約

GOURMET GUIDE

當地人排隊也要吃到的
美味章魚燒決定版

對大阪人而言，章魚燒就是一口接一口當點心吃，是既熟悉又隨手可得的一款美食。
本書從眾多的章魚燒店當中，精選5家經典且長年受到愛戴、包準錯不了的美味店家，介紹給您。

COMMENTED BY 中谷晶子 EDITOR

1 在店內享用剛做好的章魚燒。店家也靠近
大阪站，相當方便 2 剛做好的章魚燒即便
冷掉了也很好吃 3 始祖章魚燒12個500日圓

(大阪站・梅田)

あいづやうめだてん
会津屋梅田店

章魚燒的麵皮裡有高湯提味，所以
不需要淋醬。外酥內軟的口感當
中，吃得到章魚的鮮味。開業至今
有80多年歷史，堪稱業界始祖的章
魚燒，乾煎不加醬、直接吃就好
吃，是這款大阪味的原點。個頭小
巧，讓人吃再多也不怕。

☎06-6346-3444 ‖AP附錄P15B3
🏠大阪市北區梅田3-2-136梅三小路 🍴JR
大阪站櫻橋口即到 🕐10:00～22:30（週
日、假日～21:30） 🈺不定休 🈹21 🅿無

(美國村)

こうがりゅうほんてん
甲賀流本店

加入滿滿山藥、彷彿入口即化的麵
皮上，恰到好處地交織著果香醬汁
與滑潤美奶滋。就連章魚在嘴裡的
那股Q彈口感，都是經過店家計算，
拿捏得恰到好處。相傳淋上醬汁和
美奶滋的章魚燒就是源自這裡。一
起來品嘗老店的滋味吧！

☎06-6211-0519 ‖AP附錄P17C3
🏠大阪市中央区西心斎橋2-18-4 🚇地下鐵
御堂筋線心齋橋站7號出口步行4分
🕐10:30～20:30（週六、假日前日～21:30）
🈹20 🈺無休 🅿無

1 經典的醬汁美奶滋章魚燒，10個
400日圓 2 美國村・三角公園前的人
氣店 3 只使用蛋黃的美奶滋，壓低
了酸味，吃起來很溫和

（ 道頓堀・難波 ）

たこやきどうらくわなか せんにちまえほんてん
たこ焼道楽わなか 千日前本店

把章魚燒煎得外酥內軟，走正統大阪章魚燒路線的人氣店。在特製銅板上煎烤出高湯提味的麵皮，不加醬也好吃，淋上醬汁、橙醋、或加鹽吃也OK。建議您還可以加上口感爽脆的青蔥喔！

☎06-6631-0127　MAP附錄P18E2
🏠大阪市中央区難波千日前11-19　🚉地下鐵御堂筋線難波站3號出口步行5分　🕐10:00～23:00（週六日、假日8:30～）　休無休　席80　P無

1 章魚燒8個450日圓，加50日圓就可以鋪上滿滿一層口感爽脆的青蔥 2 用蝦餅夾2個章魚燒的章魚燒仙貝 3 座落在難波花月劇場的隔壁，演員們也是常客之一

（ 道頓堀・難波 ）

たこや どうとんぼりくくる ほんてん
たこ家 道頓堀くくる 本店

以巨型章魚招牌為標記的章魚料理專賣店。選用鮮味超群的天然章魚，章魚多到滿出麵皮，讓人驚呼「這麼多啊！」的著名餐點——嚇一跳章魚燒，8個1450日圓，絕對物有所值。

☎06-6212-7381　MAP附錄P16D4
🏠大阪市中央区道頓堀1-10-5 白亞大樓1F　🚉地下鐵御堂筋線難波站14號出口步行3分　🕐12:00～23:00（週六11:00～，週日、假日～22:00）　休無休　席40　P無

1 店頭的招牌上也有小章魚。大章魚則位於該店的後門，坐鎮在河岸邊。 2 高湯提味、外酥內軟，包著大塊章魚的章魚燒，8個650日圓

（ 美國村 ）

だいげん あめりかむらてん
だいげん 美國村店

這是美國村裡的人氣店，同時也是創意章魚燒的始祖。經典章魚燒的麵糊裡拌入了糯米粉，形成獨特的口感。此外，以粗絞肉香腸取代章魚，並在麵皮裡加入熱熔起司的披薩球也頗受歡迎。

☎06-6251-1500　MAP附錄P17C3
🏠大阪市中央区西心斎橋1-7-11　🚉地下鐵御堂筋線心齋橋站7號出口步行4分　🕐11:00～24:00　席23　休無休　P無

1 披薩球8個500日圓，受到很多知名人士的喜愛 2 內有香腸和起司，請搭配番茄醬和美奶滋品嘗 3 與甲賀流並稱美國村章魚燒雙雄

GOURMET GUIDE

下町規矩也樂趣多多
在當地名店初嘗炸串

把剛炸好的炸串輕～輕地沾上一層醬汁，趁熱咬下一口酥脆。
平民名品——炸串，讓人想佐著下町獨有的氛圍一起品嘗。

COMMENTED BY 堀埜浩二 EDITOR

(大阪站・梅田)

まつばそうほんてん
松葉總本店

站著品嘗酥脆好吃的炸串
別忘嘗嘗創意食材

無座炸串的名店，鐵軌下的小巷風情格外迷
人，特色是以高筋麵粉炸出的Q彈麵衣。創
意食材的炸串種類繁多，舉凡咖哩風味的帶
骨嫩雞肉、混合豬絞肉和高麗菜而成的豬肉
蛋等，請務必一試。

☎06-6312-6615
附錄P14D2　大阪市北區角
田町9-26新梅田食道街1F　JR大
阪站御堂筋南口步行3分
14:00～21:30LO（週六11:00
～，週日、假日11:00～21:00LO）
無休　僅提供無座吧檯　無

SHOP DATA

1 每到傍晚，吧檯前就會擠滿下了班的客人
2 採用顧客自行取用預炸食材的傳統服務型
態 3 嫩雞肉串160日圓。咖哩風味讓人驚豔
4 據說事前作業要花3小時的豬肉蛋，150日
圓 5 醬汁要一次沾好沾滿。牛肉串100日圓

1 全部品項119日圓或178
日圓，另外有季節限定品
2 花椰菜119日圓 3 牛肉
串119日圓 4 蘋果119日
圓，請搭配肉桂糖粉食用

(大阪站・梅田)

しちふくじん
七福神

原本位在西梅田的這家名店，於2015年8月喬
遷至此。顧客們可以在更寬敞的吧檯上，享
用口味不變、價格不變的各項名點佳餚。炸
串的麵衣蓬鬆有彈性，食材鮮甜滿分。除了
醬汁以外，店內還另備有高湯醬油和橙醋。

☎080-1410-4177 MAP附錄P14D4
🏠大阪市北区梅田1-11-4大阪站前第4大樓B2
🚉JR大阪站中央南口步行五分 🕚11:30～
22:45LO 休無休 席24 P無

(大阪站・梅田)

よねや
ヨネヤ

從早上就可以小酌的地下街名店，主打粗顆粒的
麵包粉和獨門醬汁。店內可單點，初次到訪建議
可點720日圓的拼盤。炸串中基本的炸牛肉串，
在這裡是扁平的旗幟形，堪稱一大特色，也是自
昭和20年（1945）開店至今廣受歡迎的一道菜。

☎06-6311-6445 MAP附錄P14D2 🏠大阪市北
区角田町梅田地下街2-5（Whity梅田內）🚉地下鐵
御堂筋線梅田站南剪票口出站步行3分 🕚9:00～
22:30 休奇數月第三週四 席44＋無座吧檯 P無

1 首先要點這一道：炸牛肉串，
140日圓 2 青辣椒120日圓 3 蝦
子220日圓。請連尾巴一起享用
4 店頭最外側是無座吧檯，裡面
另有寬敞桌位，可容納大量來客

1 上午開店後隨即客滿 2 炸牛肉
串100日圓 3 將一整個水煮蛋下
鍋油炸而成的炸雞蛋，100日圓
4 份量十足的炸蝦，440日圓

(新世界～阿倍野)

てんぐ
てんぐ

位在新世界鏘鏘橫丁裡的老字號。沾裹上
薄薄麵衣、節奏輕快地油炸出來的炸串，
幾乎每串都是100日圓。不油不膩的口感＆
風味清爽的醬汁，好像再多串都可以吃得
下。冬季另有350日圓的炸牡蠣等菜色。

☎06-6641-3577 MAP附錄P21B2
🏠大阪市浪速区恵美須東3-4-12 🚉地下鐵御堂筋
線動物園前站1號出口即到 🕚10:30～21:00LO
休週一（逢假日則翌日）席38 P無

GOURMET GUIDE

在大阪發揚光大的讚岐烏龍麵
必吃的新名產 "大阪讚岐"

衝擊向來以高湯為主角的大阪烏龍麵業界？現在，嚼勁十足的讚岐風麵條正在席捲大阪。
烏龍麵的美味，就由大阪往外傳播吧！以下介紹的烏龍麵，每碗都值得一試。

COMMENTED BY 中谷晶子 EDITOR

(大阪站・梅田)

うめだはがくれ
梅田はがくれ

誕生於大阪的嚼勁十足
讚岐風烏龍麵的代表

起鍋後立刻過冰水讓麵緊實，接著就直接送
到客人的座位上。「鮮度」無與倫比的麵條
光滑婀娜，嚼勁十足，入口滑順。讓人想拿
起生醬油沿著麵碗倒2圈半，再搭配德島產
的酢橘，品嘗它的簡單＆原味。

☎06-6341-1409 MAP附錄P14D4
🏠大阪市北区梅田1-1大阪站前第
3大樓B2 🚉JR東西線北新地站東
剪票口即到 🕚11：00～14：
45LO、17：00～19：45LO（週
六、假日11：00～14：45LO，售完
即打烊）🈹週日 🈂14 🅿無

SHOP DATA

1 一放進嘴裡就傳來節奏明快
的嚼勁，讓人越嚼越開心。生
醬油烏龍麵，600日圓 2 半熟
蛋和竹輪天麩羅，300日圓。
吃烏龍麵時的最佳配角 3 關
東東東1個150日圓，搭配著麵
一起大快朵頤吧！ 4 「這位
客人，第一次來我們店裡
啊？」熱心的老闆有時還會親
自傳授吃法

1 吃到一半時將半熟蛋蛋破，讓麵裹上蛋汁再入口，才是老饕吃法 2 在這裡學藝過後自立門戶的弟子，開設的店數也頗為可觀

道頓堀・難波

かまたけうどん
釜たけうどん

這是讓讚岐式烏龍麵在南部站穩腳步的名店。集十足嚼勁和Q彈口感於一身的麵條，只有在這裡才吃得到。人氣菜色是竹輪蛋天麩羅濃湯烏龍麵，780日圓。有了這一碗，就可以充分品嘗到大份量的配料與麵的美味。

☎06-6645-1330 MAP 附錄P18E2
🏠大阪市中央區難波千日前4-20せんだビル1F ‼️地下鐵御堂筋線難波站3號出口步行5分 🕚11：00～16：00(售完即打烊) 🈳週一 🪑22 🅿無

1 貼著磁磚的吧檯座位，風格與眾不同 2 炸雞天麩羅濃湯烏龍麵，800日圓。歡迎餓著肚子來吃

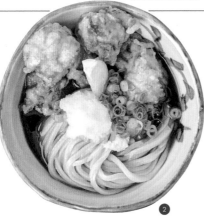

中津

たけうちうどんてん
たけうちうどん店

關西地區的烏龍麵愛好者一定會提及的名店。講究小麥調配比例的麵條，Q中帶有奇妙的彈力，口感獨特。大方擺上5塊炸雞天麩羅的濃湯烏龍麵，不論在份量或口味上，都是堪稱扛霸子的名品。

☎06-6375-0324 MAP 附錄P9C1
🏠大阪市北区豐崎5-2-19 ‼️地下鐵御堂筋線中津站1號出口步行5分 🕚11:30～14:30、18:00～21:00(售完即打烊) 🈳週日、假日 🪑16 🅿無

大阪站・梅田

うどんぼう おおさかほんてん
うどん棒 大阪本店

來自香川縣的老闆，有感於應該在大阪推廣正宗讚岐烏龍麵，便開了這家店一展本領。從麵粉、醬油、到配料，全都來自讚岐。最近特別推薦的是讚岐橄欖牛的沾麵、以及牛肉壽喜燒全餐。

☎06-6458-5518 MAP 附錄P14D4
🏠大阪市北区梅田1-1-3大阪站前第3大樓B2 ‼️JR東西線北新地站東剪票口步行3分 🕚11：00～21:00(週六～20:00，週日、假日～16:00) 🈳不定休 🪑19 🅿無

1 店頭手打的烏龍麵，保有香川的原汁原味和口感。橄欖牛的沾麵，930日圓

GOURMET GUIDE

大阪名產再進化！
時尚地享用大阪燒＆炸串

在時尚的空間裡，搭配紅酒和雞尾酒一起享用。

可別再以為粉漿類食物＝油膩膩囉！新生代的大阪燒和炸串，已經進化到這樣的地步了。

COMMENTED BY 中谷晶子 EDITOR

(中崎町)

ばーそーす なかざきてん

Bar SOURCE 中崎店

在經過精雕細琢的酒吧空間裡
品嘗商店街裡的熟面孔

在昏暗燈光營造出氛圍的酒吧裡，要不要點一份傳統口味的大阪燒，來當雞尾酒的下酒菜？從出色有型的牆壁那一頭流瀉出鐵板煎煮聲與醬汁焦香，直接打中了顧客的食欲。吃下一口含在嘴裡，滿嘴的鮮甜！出乎意料的份量，讓人吃得好滿足！

☎06-6375-7090 **MAP** 附錄P8E1
🏠大阪市北区黒崎町11-1 🚇地下
鐵谷町線中崎町站1號出口步行5
分 🕕18:00～翌5:00（週日～翌日
2:00）🈺週一 🈵35 Ⓟ無

SHOP DATA

1 在這樣的氛圍當中品嘗的大阪燒，1份400日圓！只加入豬肉，口感蓬鬆柔軟，是令人懷念的好味道 2 與座位區一牆之隔的這塊鐵板，頗有久經使用的風貌 3 2樓的沙發區，用布簾隔成了半包廂 4 1樓以吧檯座位為主，夾雜著酒客和食客 5 隱身在中崎商店街小巷內的一處

1 豐富的創意鐵板料理菜單，搭配紅酒佐餐 2 用打勺的蛋鎖住美味的大阪燒（豬肉）885日圓

(中之島～本町)

じぶんどき
時分時

做日本料理出身的主廚，堅持追求「自己能認同的味道」，於是造就了這款加入雞骨和豬骨精燉高湯、鮮味超群的大阪燒麵糊。請先試試豬肉蛋口味。需預約。

☎06-6253-1661 MAP 附錄P11C3
🏠大阪市中央區南久寶寺町4-5-11ライオンズマンション御堂本町1階 🚇地下鐵四橋線本町站21號出口步行8分 🕐17:30～23:00LO 🈺週日、假日、第3週一 🪑18 🅿無

(大阪站·梅田)

こーとれっとしるひさ
COTELETTE 知留久

走全餐形式的炸串專賣店。薄薄的麵衣，為經過用心處理的優質食材提出更多鮮味。讓人想點一份主廚全餐，在口味的遞嬗之間細細品味每一串佳餚。

☎06-6314-6171 MAP 附錄P14D3
🏠大阪市北區小松原町2-4大阪富國生命大樓B2 🚇地下鐵御堂筋線梅田站南剪票口步行3分 🕐11:00～14:00LO、17:00～21:30LO 🈺無休（準同大阪富國生命大樓）🪑29 🅿無

1 每串238～680日圓，平均預約為15串6000日圓（不含飲料）2 店內陳設優雅，讓人以為置身洋房西式房屋內。總店位於阿初天神（→P54）附近

1 店員細膩的服務，也讓人很滿意 2 想當作前菜吃的七彩拼串 3 肥美的牡蠣是冬季限定商品 4 剝皮魚先用紫蘇葉包內臟，外層再包上魚肉之後下鍋油炸，相當費工

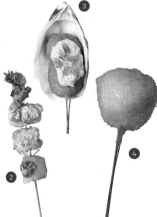

(道頓堀·難波)

わさび
Wasabi

位於法善寺橫丁的創意炸串店。每日備有30種以上的炸串食材，採用由主廚配菜的全餐形式，15串的預算大約是7000日圓～。由於店內經常性地使用當令食材，因此每次造訪都能享用到不同的滋味。

☎06-6212-6666 MAP 附錄P16D4
🏠大阪市中央區難波1-6-10 🚇地下鐵御堂筋線難波站14號出口步行5分 🕐17:00～21:30LO 🈺週四 🪑10 🅿無

GOURMET GUIDE

在美食之都·大阪
享用如詩如畫的早餐

吃到美味早餐的話，應該會讓人一整天都充滿幹勁吧。
大阪不枉美食之都盛名，包羅了健康而份量滿分、賞心悅目的各路早餐。

COMMENTED BY 中谷晶子 EDITOR

（中之島～本町）

だるまいやー かふぇ あんどしょっぷ

Dallmayr Café & Shop

用優雅的德式早餐
說Guten Morgen（早安）！

Dallmayr源自慕尼黑，以世界首屈一指的熟
食店聞名於世。在這個讓人以為置身貴族宅
第的奢華空間裡，可以品嘗到以火腿或香
腸、以及炒蛋為主的德式早餐。喝口濃醇咖
啡，讓自己清爽地醒來吧！

☎06-6479-0202 MAP附錄P11B1
🏠大阪市北區中之島3-6-32ダイビ
ル本館1F 🚃京阪中之島線渡邊橋
站1號出口即到 🕐8:00～19:00
（週六日、假日為10:00～20:00），
早餐～11:00 休不定休 席47
🅿96輛（收費）

SHOP DATA

1 妝點著大紅窗簾與水晶燈的空間 2 Morgen
Bayern套餐，831日圓（附咖啡或紅茶）。
香腸和火腿是和歌山Schindler Delica
tessen的產品 3 店內也有販售咖啡、紅茶
和果醬等商品 4 戶外露天座位區的氛圍也
很不錯

(大阪站・梅田)

ざしてぃ べーかりー
THE CITY BAKERY

來自紐約，曾經在連續劇當中出現過的這家烘焙咖啡廳，具有都會的洗練氣氛。一邊想像著劇中場景，一邊享用香氣四溢的可頌和培根蛋當早餐吧！

☎06-6359-2010 MAP附錄P15C2
🏠大阪市北区大深町4-1GRAND FRONT大阪UMAKITA廣場B1 🍴JR大阪站中央北口即到 🕐7:30～22:00，早餐為～11:00LO 🈺準同GRAND FRONT 大阪（→P64）🪑40 🅿330輛（收費）

1 開放式咖啡廳，洋溢著剛出爐麵包的香氣 2 C.B.早餐盤（全麥可頌）1134日圓

(福島)

ぼがーつかふぇ
BOGART'S CAFE

面對堂島川、開放式的夏威夷風咖啡廳。早餐供應美式份量的班尼迪克蛋和美式鬆餅。是個受到附近的上班族以及河岸跑步者喜愛的早餐。

☎06-7664-9600 MAP附錄P9B4
🏠大阪市福島区福島1-1-12堂島 RIVER FORUM1F 🍴JR大阪環狀線福島站步行8分 🕐8:30～20:30LO，早餐為～10:00 🈺不定休 🪑40 🅿無

1 早餐有四種，每種皆為800日圓。圖為半份班尼迪克蛋附飲料 2 洋溢著度假風情的戶外露天座位區 3 早餐限定的迷你巴西莓果盆（mini acai bowl），500日圓

(大阪站・梅田)

さらべす　おおさかてん
Sarabeth's大阪店

昭和56（1981年）創立於紐約的人氣餐廳大阪分店。這裡全天皆可在明亮的裝潢擺設環繞下，品嘗到班尼迪克蛋和法式土司等健康又奢華的早餐菜單。剛出爐的酥派類糕點亦可外帶。

☎06-6147-7257 MAP附錄P15B3
🏠大阪市北区梅田3-1-3LUCUA 1100B1 🍴JR大阪站中央口即到 🕐9:00～22:00 🈺不定休 🪑70 🅿約600輛（收費）

1 經典班尼迪克蛋，1450日圓。請一邊切開軟嫩的水波蛋一邊享用 2 以白色為基底，營造出充滿潔淨感的店內風格

GOURMET GUIDE

午餐就在方便的大樓裡吃♪
大阪女孩御用美味午餐

下雨天、或是淪為不知何處去的「午餐難民」時，就鎖定商業大樓和辦公大樓吧！
對美食瞭若指掌的本地上班族女孩們聚集的大樓內餐廳，整體水準也相對較高。

COMMENTED BY 中谷晶子 EDITOR

中之島〜本町

ふぇすてぃばーる あんど びあほーる
FESTI BAR & BEER HALL

午餐1080日圓〜（平日），可從主菜或義大利麵等7種餐點當中挑選1種，搭配無限享用的自助式麵包、沙拉及飲料吧。週六日、假日為1296日圓，另有湯品吧。

☎06-4708-3312 MAP附錄P11B1
🏠大阪市北区中之島2-3-18中之島中之島FESTIVAL TOWER2F 🚃京阪中之島線渡邊橋站12號出口地下直達
🕐11:00〜22:00LO（午餐為〜15:00LO）🈺不定休 🈳156 🅿無

1 麵包切成小塊，可以品嘗多樣不同種類 2 中之島拿波里義大利麵的Q彈粗麵令人懷念 3 面對堂島川的人氣餐廳。另備有露天座位

大阪站・梅田

かんてぃーな ぴあの ぴあーの
CANTINA piano piano

曾於佛羅倫斯名店掌廚的村田主廚，運用食材特性，做出口味正宗、原汁原味的料理。前菜、義大利麵、主菜，再搭配上甜點或飲料的午間A全餐為2160日圓，平日還有限定的超值義大利麵午餐，1296日圓。

☎06-6136-5667 MAP附錄P15B4
🏠大阪市北区梅田2-4-9BREEZE BREEZE6F 🚃JR大阪站櫻橋口步行5分 🕐11:00〜14:30LO、17:00〜21:30LO 🈺不定休 🈳40 🅿211輛（每30分鐘300日圓）

1 A全餐有7種前菜拼盤，還可嘗到每日不同的義大利麵和主菜 2 位在西梅田的流行商場裡的餐廳 3 加1080日圓，就能升級主菜

新世界～阿倍野

さーふ さいどきっちん
SURF SIDE KITCHEN

空間開闊，並以衝浪文化為主題的咖啡餐館。有1350日圓～的3菜午餐盤（LUNCH PLATE）等多種既健康又份量飽足的餐點。美式鬆餅和巴西莓果盆等時下當紅的夏威夷式餐點也頗受歡迎。

☎06-6654-7407 MAP附錄P20E3
🏠大阪市阿倍野区阿倍野筋1-1-43阿倍野HARUKASU近鐵總店塔館14F
🚉近鐵大阪阿部野橋站直通 🕐11:00～22:00LO（午餐為15:00LO）休P準同阿倍野HARUKASU近鐵總店（→P129）🅿120

1 從面南的大窗眺望市區 2 巴西莓果盆可自選配料，S800日圓～ 3 以蒜香蝦為主菜的北海岸（North Shore）午餐盤，1450日圓

中之島～本町

わいん きっちん すーぷる ヴぁん・ぬふ
Wine Kitchen Souple 29

這家紅酒餐廳的平日限定午餐，是以每週更換菜色的肉類料理為主菜的午餐盤（one plate），880日圓。此外還有限時推出的特別午間套餐，有特選烤牛肉和肩胛牛排等菜色。

☎06-6446-2929 MAP附錄P11B1
🏠大阪市北区中之島3-6-32DAIBIRU本館1F 🚉京阪中之島線渡邊橋站2號出口地下直通 🕐11:30～14:00LO、17:00～21:30LO（週六為11:30～17:00LO）休週日、假日🅿27 P無

1 紅酒專賣店「Wassy's」旗下品牌，位於2013年改建落成的DAIBIRU本館內 2 每週更換的主菜範例，安格斯牛蔬菜咖哩 3 主菜範例之二，摩札瑞拉起司漢堡 4 主菜範例之三，紅酒燉豬五花

GOURMET GUIDE

盡是讓人一吃就上癮的好味道
備受喜愛的老店洋食菜單

牛肉半釉汁、烏斯特醋、番茄醬……您是不是也曾經莫名想念起洋食的滋味呢？
淵遠流長、一脈相承且從不外傳的黃金食譜，盡是讓人一吃就上癮的好味道。

COMMENTED BY 堀埜浩二 EDITOR

道頓堀‧難波

じゆうけん

自由軒

文豪也鍾情的
招牌餐點——拌咖哩

創立於明治43年（1910），當年是大阪第一
家西洋料理餐館，而進一步推升其知名度
的，當屬每份750日圓的的招牌咖哩。在與咖
哩拌勻的白飯上，打上一顆生雞蛋，吃的時
候再淋上醬汁。這種獨特的吃法，
儼然已成為大阪的名產。

☎06-6631-5564 MAP附錄P18D1
🏠大阪市中央区難波3-1-34 🚉地
下鐵御堂筋線難波站11號出口步
行3分 🕚11:30～21:00(可能因
故變更) 休週一(逢假日則翌日)
🪑38 P無

SHOP DATA

1 別看它貌似平淡，味道超乎想像地辛辣。把雞蛋打散拌勻，可增添溫潤口感
2 無賴派作家織田作之助，昔日是座上常客。在《夫婦善哉》當中也有描寫到
這家店 3 在這裡還可以感受到大眾平民的氛圍 4 招牌老闆娘吉田純子女士笑
臉迎賓

美國村

ほっきょくせい しんさいばいばんてん

北極星 心齋橋本店

創立於大正11年（1922），是蛋包飯的創始店。相傳當年是應客人要求，把歐姆蛋和番茄炒飯合體後端上桌，就此成了蛋包飯的起源。雞肉蛋包飯當中所使用的2顆雞蛋和番茄醬汁，交織出絕妙的平衡。

☎06-6211-7829 ＭＡＰ附錄P17C4
🏠大阪市中央区西心斎橋2-7-27 🚇地下鐵御堂筋線難波站25號出口步行5分 🕐11:30～21:30LO（週六日、假日11:00～） 🈳無休 🅿80 🅿無

1 雞肉蛋包飯，780日圓。加420日圓即可升級為附炸蝦和味噌湯的套餐 2 店內有個美輪美奐的中庭

1 紅磚造的門面洋溢著老店風情
2 光是一般大小也有足180g的大份量漢堡排。照燒醬油口味的醬汁，非常下飯

道頓堀・難波

じゅうてい

重亭

創立於昭和20年（1945），是南部最具代表性的洋食店。售價1130日圓的漢堡排，選用仔細挑去筋膜的豬牛混合絞肉，是店內的人氣餐點。肉汁的鮮甜，完全不輸給偏甜的醬汁，令人讚不絕口。

☎06-6641-5719 ＭＡＰ附錄P18D2
🏠大阪市中央区難波3-1-30 🚇地下鐵御堂筋線難波站11號出口步行3分 🕐11:30～15:00、17:00～20:30 🈳週二（逢假日則翌日） 🅿30 🅿無

新世界～阿倍野

グリルマルヨシ

Grill Maruyoshi

阿倍野地區歷史最悠久的洋食店。知名的高麗菜捲（1600日圓）是由第二代傳人所開發出來的菜色，在龐大的球體淋上牛肉半釉汁和咖哩這兩種醬汁，滿足視覺與味蕾上的享受。

☎06-6649-3566 ＭＡＰ附錄P20E3
🏠大阪市阿倍野区阿倍野筋1-6-1 Via阿倍野Walk1F 🚇地下鐵御堂筋線天王寺站12號出口即到
🕐11：00～14:30LO、17:00～22:00LO（週六晚間16:30～）；週日、假日為10:30～15:00LO、16:30～21:30LO） 🈳週二（逢假日則營業） 🅿29 🅿無

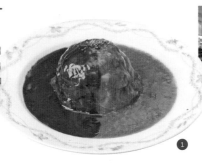

1 2種醬汁可以分開吃，混合後一起品嘗也美味 2 創立於昭和21年（1946），因阿倍野地區的都更而搬遷至現址，口味一如往昔

YADOKARI CURRY

　簡而言之，就是因為大家都太喜歡吃咖哩，有些年輕人就因為這樣，乾脆自己當老闆賣起了咖哩。他們趁非營業時間向酒吧等店家商借空間，在店內供應咖哩，也就是所謂「寄居蟹」式的經營形態。這種咖哩店目前在大阪的接受度很高，背後的原因，是出於一股很單純的「只要好吃就好」的念頭。只要咖哩好吃，不需要聽起來很威風的名號或店面，正因如此，只要對咖哩有熱情，明天就可以開咖哩店。從另一個角度來說，這表示咖哩店是個不容混水摸魚、以味道一決勝負的行業。在不譁眾取寵，講求真材實料的「大阪街頭」，大阪咖哩正在低調地沸騰著。

（ 北新地 ）

かれーや でっかお
カレーや デッカオ

位於北新地的住商混合大樓5樓，對第一次來訪的顧客而言，是相當難找的地方。這家在周邊商圈具有相當知名度的超人氣酒吧裡，只有白天空檔時段才能吃得到，有著大量蔬菜、口味溫和的咖哩。據老闆表示，這道咖哩是他重現自己在多年前環遊世界途中，吃到「最好吃的咖哩」、「吃了整整一個月」的斯里蘭卡家常口味，並加以微調而成。辣度適中的咖哩，加上新鮮蔬菜後，讓人吃得到健康。老闆未來計劃將單獨開店，因此要享受咖哩與神秘酒吧空間的絕妙組合，就一定要趁現在！店內在每月第1個星期日還會舉辦咖哩＆紅酒的活動。

☎090-2045-7333　MAP 附錄P9C3
🏠中央区南船場3-8-5南船場大樓2F
🍴JR東西線北新地站11-23出口即到
🕚11:30～15:00　休週日　⑱18　Ｐ無

晚上是人氣酒吧。店內充滿著融合多元文化的氛圍

本日全口味咖哩 1050日圓

經典雞肉咖哩

每日咖哩。這一天是鮪魚咖哩，其他還會有花枝或豬肉等口味的咖哩出現

所有餐點均附番茄沙拉。將沙拉均勻混合之後，番茄的爽脆口感會是很好的點綴

這也是經典的茄子咖哩

❶

❷

1 自稱「原本其實不太愛吃日本咖哩（！）」的老闆──阿誠先生，是什麼樣的咖哩顛覆了他既有的認知呢？ 2 想換換口味的話，可以加100日圓加點斯里蘭卡佐料

麻辣豬五花肉醬咖哩 900日圓

（中之島～本町）

たにぐちかれー
谷口カレー
in FOLK old book store

谷口咖哩堪稱為寄居蟹式經營的先驅，現址已是它寄居的第3家店。從最早的中崎町、谷町，到現在的北濱，谷口カレー在這每一個調性悠閒的地段之間，靈巧地轉換遷徙。老闆因為「5、6年前吃過第一口香料咖哩之後，受到很大的震撼」，便賣起了在稀稀咖哩醬上留有香料顆粒口感的咖哩。在柴魚和蔬菜熬成的湯頭當中，加入豆腐和蘿蔔等日式食材，以及中國的花椒等，交融出來的口味是標準的無國界。越吃越有各種香料顆粒在口中迸裂，讓人吃到最後一口都不膩。

☎06-7172-5980（FOLK old book store）MAP 附錄P10E2
🏠大阪市中央区平野町1-2-1
🚇地下鐵堺線北濱站5號出口步行7分
🕐11:30～售完即打烊
休週六日、假日 座18 P無

請一邊混合適量醬菜食用

熬煮時保留香料的顆粒口感，完成後再撒上幾種香料，讓口味更有變化

蔥和炸洋蔥也都是佐料

還有豆腐、南瓜等出人意表的配料

1 雖然位處北濱地區，但是在一般的辦公大樓區往裡走，氛圍悠閒的地點　2 目前在大阪是香料咖哩大行其道，選材也與日俱進　3「雖然是客人難下，但我們可不是閒著玩的」在現今大阪這個咖哩一級戰區裡贏得一定口碑的谷口先生，才說得出這句肺腑之言

― 寄居處在這裡 ―

ふぉーく おーるどぶっく すとあ
FOLK old book store

從次文化橫跨到哆啦a夢，雖繁多但卻很有感情的藏書佔滿了2層樓的舊書店＆咖啡廳。此外，該店還積極舉辦藝術個展、對談會等藝文活動。

☎06-7172-5980
🕐餐飲11:30～19:00，零售13:00～19:00 休週日

將旅行●One Scene闖入生活

現在最熱門的晚餐一級戰區～其一～

別致的酒吧在巷道裡蔓延中
讓人想迷路的「福島」周邊

距離北部、南部這兩大中心區域稍遠的各大酒館街，現在充滿了活力。
首先為您介紹的是從大阪站出發、交通非常便捷的福島周邊。這裡包羅了大阪饕客經常造訪的好店！

COMMENTED BY 三好千夏 WRITER

ふくしま
福島

是這樣
的地方

點燃「酒吧」熱潮的導火線
到狹窄小巷探訪名店

2000年代中期，當時「酒吧」這個字眼
尚未在大阪社會上扎穩根基，但這裡就已
經陸續開出可以輕鬆小酌紅酒的店家，並
以時尚餐飲街之姿竄紅。至今，各家酒吧
裡仍不時傳出男女老幼的歡笑聲。其中特
別是迂迴曲折的深巷裡，有著許多值得挖
寶的名店，讓人想一家接一家地喝下去。

MAP 附錄P9A3～B4
🏠大阪市福島区福島 🍴JR大阪環狀線、阪神本線
福島站、JR東西線新福島站即到

1 有很多大受女生歡迎的漂亮酒
吧。圖為BAR PORCINI 2・3 最
近這股酒吧熱潮也吹向了福島站北
側及なにわ筋東側，正宗法國菜和義
大利菜的名店也都聚集在這個區
域。

1 前菜拼盤1380日圓、碳燒30天熟成厚切牛舌1380日圓等菜色 2 樸實無華的門面，反而更顯得有型

ばーる ぱるちーに
BAR PORCINI

大阪義式酒吧的先驅，也可說是帶起福島發展的功臣。招牌菜是獵人直送的野味，和店家自行仔細熟成過的牛肉餐點。鮮美滋味經過濃縮之後的肉品，化為各式豐富的菜色，和紅酒搭配也極其對味。

☎06-6450-1915　MAP附錄P9A4
🏠大阪市福島区福島5-11-3　🚃JR大阪環狀線福島站步行3分
🕐18:00～23:00LO　休週日　席32　P無

まちぇれーりあ でぃ たけうち
MACELLERIA di TAKEUCHI

以「吃肉補充活力！」為宗旨，店內有費時燒烤的碳火烤肉、以及具有飽足感的各種肉類餐點。2014～2016年連續獲選為米其林指南的超值餐廳（Bib Gourmand），您可以在這家實力派餐廳裡，輕鬆享用到正宗的義大利菜。

☎06-6455-2977
MAP附錄P9A4　🏠大阪市福島区福島5-8-17　🚃JR大阪環狀線福島站步行4分　🕐18:00～翌2:00LO（週日為17:00～23:00LO）休週一
席30　P無

1 碳烤塔斯尼亞產小牛佐青醬，2500日圓 2 洋溢著異國風情的店內，讓人宛如置身下町的居酒屋

Buen Apetito!

ぱーらーいわし
parlor 184

用沙丁魚作出獨創的創意菜色，讓客人屢屢一試成主顧的人氣店。此外另有適合搭配紅酒及日本酒的其他多款佳餚。夏日將至之際，別忘了品嘗店家自製的米糠醃鯖魚（heshiko）。

1 以大家都愛的「沙丁魚」為主打菜色，客層遍佈男女老幼 2 多道匠心獨具的菜色：人氣餐點沙丁魚三明治，600日圓；搭配煙燻蛋的馬鈴薯沙拉，500日圓；炸鹽漬雞翅中段，600日圓

☎06-6458-3233　MAP附錄P9A4
🏠大阪市福島区福島1-6-24　🚃JR大阪環狀線福島站步行5分　🕐18:00～翌日1:00LO　休週一，每月有1次週日不定休　席16　P無

ばんだ
BANDA

下午3時開始營業，帶動福島白天喝酒風潮的西班牙小酒吧。老闆親自跑遍各地精選食材，以媲美便利商店的價格提供自製培根＆火腿，還可提供1人份的西班牙海鮮飯，是獨酌時的好伙伴。

☎06-7651-2252　MAP附錄P9A3
🏠大阪市福島区福島7-8-6　🚃JR大阪環狀線福島站步行3分　🕐15:00～23:30LO　休週日　席36　P無

1 19:00前為HAPPY HOUR，多款飲料只要324日圓 2 自製生火腿奶油可樂餅，每份2個280日圓；西班牙海鮮燉飯1296日圓。餐點以下酒菜（TAPAS）為主，正餐菜色也很豐富

現在最熱門的晚餐一級戰區～其二～

美食之都的真本事就在這裡！
宛如置身亞洲的「天滿」之夜

吃倒之都的廚房──天滿市場周邊，總是呈現著超乎尋常的熱鬧盛況。
從華燈初上到黎明破曉，總是吸引著大阪人寸步不離的這股魅力，請您一定要親自來體驗看看。

COMMENTED BY 中谷晶子 EDITOR

是這樣
的地方

天滿
てんま

**看這家瞧那家，任君選擇掀開
一張張塑膠布簾，醉醺醺地散步**

大阪的廚房──天滿市場，是專業廚師也會親自
前來採購的地方。而在市場周邊，近來以接近賠
本的價格、以及獨具個性的老闆經營的「便宜又美
味」的餐館酒肆，正快速地增加中。其中又以打
破門、牆的屏障，和街頭融為一體的店舖形態最
為流行。每到冬天，店家營業時都會拉起塑膠布
簾禦寒，形成「塑膠布簾街」的獨特景象。

MAP 附錄P8F1～F2
🏠大阪市北区天神橋4～5、池田町、錦町等地
🍴JR大阪環狀線天滿站、地下鐵堺筋線扇町站即到

1 2006年開幕的luv wine，據傳是
天滿「塑膠布」店的始祖 2 氛圍
輕鬆，讓人可以衣著隨興地前來小
酌。不只有客人喝到搭第一班電車
離開，有的店家甚至還有客人流連
到早上7、8時！3 這裡的大阪燒
現在還只賣400日圓～！Bar
SOURCE天滿店

PICK UP

らぶ わいん てんまほんてん
luv wine 天滿本店

座落在天五（天神橋筋5丁目）的街角，超級開放的紅酒居酒屋。單杯紅酒540日圓～，每週更換不同原產地，且常備7款紅酒，就連紅酒狂都垂涎的稀有酒款，也會以破盤價出現。另有許多適合搭配紅酒的餐點。

☎06-6881-1707 MAP 附錄P8F2
🏠大阪市北区池田町5-8 🚃JR大阪環狀線天滿站步行3分 ⏰18:00～24:00（週日為17:00～23:00）休第2週日 座34 P無

下酒的肉類餐點，讓人一口接一口。圖為烤豬肋排，1490日圓

けむ ばー
KEMURI THE PARK

不只是肉和蔬菜，包括調味料和甜點等所有食材全都以煙燻口味供應的酒吧。就連對味道極為講究的同業，也都夜夜出沒在這煙霧繚繞之中。您可在此享用煙燻料理，並搭配世界各國的啤酒。

☎06-6949-8799 MAP 附錄P8F2
🏠大阪市北区天神橋3-11-34 🚃JR大阪環狀線天滿站步行5分 ⏰14:00～24:00 休無休 座25 P無

1 小巧溫馨的店內，充滿著煙燻的香氣，光是這樣就足以讓人喝下一杯又一杯的啤酒 2 自製煙燻食材，200日圓。建議先點煙燻拼盤（500日圓～）來嘗嘗各種不同味道

たちのみ・てんぷら やまなか
立ち呑み・天ぷら やまなか

南部知名的地方特產酒專賣店的直營店。店家著力甚深的地方特產酒，在店內常備有約40種，單杯300日圓～的天滿價相當誘人。配上充滿創意巧思的下酒菜，讓人總想著下一杯還要喝什麼酒。

☎06-6351-1555 MAP 附錄P8F1
🏠大阪市北区池田町6-12 🚃JR大阪環狀線天滿站步行5分 ⏰17:00～22:00LO 休週一、假日 座17 P無

1 這版多種小菜的下酒菜拼盤980日圓 2 菜有納豆起司蛋糕、雞肝肉派等，每日更換品項 2 別看店名這麼寫，請放心，其實店裡有座位

ばー そーす てんまてん
Bar SOURCE 天滿店

走過狹窄的廊道，鐵板旁的塑膠布簾……

親切可人的店員們，趁著等待大阪燒翻面的空檔，搖起了搖杯。不管是買菜回家煮晚餐前順路進來、或是深夜小酌之後來找東西填飽肚子，大阪燒醬的經典滋味總能沁人心脾。這是想吃想喝都隨個人喜好的大阪燒酒吧，若只想進來喝點小酒也OK。大阪燒也可外帶。

☎06-6881-5820 MAP 附錄P8F2
🏠大阪市北区天神橋4-12-21 🚃JR大阪環狀線天滿站即到 ⏰17:00～翌日3:00（週日為～翌2:00），外帶為11:00～翌日1:30）休週一 座12 P無

1 門面裝潢是仿照義大利的飯店氛圍打造。樓上另有桌位 2 傳說中的著名餐點經典瑪格莉特，1458日圓

ぴっつりああんどばーる りっこ
PIZZERIA&
BAR RICCO

走進後站的小巷裡，就能看到這個可以現場觀賞窯烤的吧檯座。店裡的著名餐點──曾在世界大賽中奪下第2名的披薩，無疑是大阪最登峰造極的一片美饌。想「在天滿吃義大利菜」，這家必是首選。

☎06-6354-4366 MAP 附錄P8F2
🏠大阪市北区天神橋5-1-5 🚃JR大阪環狀線天滿站步行3分 ⏰17:30～24:00LO（週五六、假日前日～翌日1:00LO）休無休 座41 P無

現在最熱門的晚餐一級戰區～其一～

備受矚目的狹窄美食巷
「阿初天神裏参道」一家接一家地喝

從北部最具代表性的鬧區——阿初天神通的岔路裡，誕生了一條全新的美食大道。
精選16家真正美味的餐館齊聚在此，而今晚也有許多一再續攤流連的酒客，更顯熱鬧非凡。

COMMENTED BY 中谷晶子 EDITOR

是這樣
的地方

おはつてんじんうらさんどう
阿初天神裏参道

**每天都像在辦廟會！
續攤天堂，誕生**

曾在淨琉璃劇碼當中出現的古剎——阿初天神
（露天神社）的参道，現在是北部首屈一指的
鬧區。2015年3月，在商店街中段往東的狹窄巷
道裡，誕生了一個新的美食據點。從別致的小
酒館到下町孕育的燒烤，總共集結了16家店。
除了在店裡設有座位之外，店家在路上也擺出
了桌椅，讓整條街夜夜熱鬧非凡。

MAP 附錄P14E4 ●大阪市北區曾根崎2-10-10 地下鐵
御堂筋線梅田站步行7分 各店情況不同，以傍晚起
營業至翌日2時左右，週日公休者居多 P無

擁有1200年歷史的阿初天神，奉
祀著菅原道真等神明，前來祈求金
榜提名、愛情得意的香客絡繹不
絕。這裡同時也以被寫進淨琉璃戲
碼「曾根崎心中」而聞名於世。

阿初天神（露天神社）
☎06-6311-0895
●大阪市北區曾根崎2-5-4 地
下鐵御堂筋線梅田站步行8分
免費參觀 ●6:30～23:30(社務所
為9:00～18:00) 無休 P無

1 烤匈牙利產小鴨胸肉1200日圓，佐加烈葡萄酒班努斯的醬汁。鵝肝馬卡龍1個400日圓
2 坐在大理石風格的吧檯座，近距離欣賞主廚的手藝

るこんとわ
le comptoir

選用匈牙利產的鴨肉和鴨肝等高級食材，加上匠心巧思所打造出來的法國菜，儘管份量屬於下酒菜TAPAS等級，但正宗的口味，比起高檔法國餐廳絲毫不遜色。單杯紅酒價格250日圓（half size）～，可以少量多樣地品嚐多種不同酒菜組合。

☎06-6926-4567
MAP 附錄P14E4
🏠大阪市北区曽根崎2-10-10 第2あーけるびる1F 🍴地下鐵御堂筋線梅田站步行7分 ⏰17:00～翌1:00LO（週日、假日～22:00LO）
休無休 席40 P無

てっくんちょい うらさん
鉄燻CHOI URASAN

在這裡不只肉類和魚類，連蔬菜和拔絲地瓜、鵝肝（！）等所有食材都做成了煙燻料理。食材上鐵板煎過之後，更突顯出獨特的鮮味和香氣，讓人一杯接一杯地喝。飯類餐點和義大利麵、披薩等也都以煙燻食材製成，讓人細細品嚐食材的韻味。

☎06-6360-6939 MAP 附錄P14E4
🏠大阪市北区曽根崎2-10-10 第2あーけるびる3F 🍴地下鐵御堂筋線梅田站步行7分 ⏰17:00～翌1:00LO 休不定休 席40 P無

1 不知道該點什麼好的時候，就先來這個。煙燻5品拼盤1490日圓，煙燻豆類藜麥沙拉648日圓 2 店內擺放著煙燻機，食材出餐前會用吧檯上的鐵板煎一下

やきとんやたゆたゆ
焼とんyaたゆたゆ

讓更多人了解到豬下水美味之處的名店。燒烤從吃下第一口的震撼、到吃完後的爽口，嘗得到備料功夫的細膩，讓人感受到一串串燒烤背後的用心故事。菜單上還有如豬喉軟骨、豬耳朵等多種罕見部位。

☎06-6365-8108
MAP 附錄P14E4
🏠大阪市北区曽根崎2-10-7 🍴地下鐵御堂筋線梅田站步行7分 ⏰16:00～翌日1:15LO（售完即打烊）休不定休 席50 P無

1 古民宅風格的店面。與活力充沛的店員們互動，別有一番樂趣 2 串燒1串130日圓～，特配5串880日圓更划算！3 另一道名菜燉豬腸1人份380日圓，以大鍋精燉慢熬而成

現在最熱門的晚餐一級戰區～其四～

南部最當紅的景點
「裏難波」的氣勢銳不可擋！

提到大阪首屈一指的鬧區，非南部莫屬。但在南部的「後面」，近年來總顯得熱鬧滾滾。
大阪人從夜生活的菜鳥到行家都會出沒的「新南部」，向您衷心推薦！

COMMENTED BY 福尾 梢 WRITER

是這樣
的地方

うらなんば
裏難波

每晚都洋溢著熱鬧氛圍
街頭的活力要您親身來體驗

從高島屋大阪店（→P75）到黑門市場
（→P127）周邊，是據說現在大阪最火熱的裏
難波。這一區以年輕老闆站台服務的小店為主，
兼及鐵板燒、居酒屋、餐館、洋食等，各式各樣
的餐飲店林立，假日甚至從中午就開始人聲鼎
沸。狹窄的巷道深處有許多無座小酒館，三五好
友結伴來喝個2～3攤，是最正確的玩法。

MAP 附錄P18E2～F2　★ 大阪市中央区千日前2～
難波千日前、日本橋1～2　♥ 地下鐵御堂筋線難波
站、千日前線日本橋站即到

1·2 令人無法抗拒的昭和式奢華
ROYAL CROWN 3 難波花月劇場
（→P114）等主要觀光景點近在
咫尺，但卻有著這種藏不住的「在
地感」！

STAND AJITO
スタンドあじと

「DININGあじと」經營的無座小酒館，因使用精選食材製作創意料理而廣受好評。費時費工的餐點菜色，280日圓～就可以輕鬆品嘗得到。單杯香檳（凱歌香檳）竟然也只要780日圓！

☎無 **MAP** 附錄P18E3
🏠大阪市中央区難波千日前15-4 1F ⚑地下鐵御堂筋線難波站3號出口步行5分 ⏰16:00～23:30 ⬤不定休 🍴站位約20 🅿無

1 開門就隨即滿座，每天都客滿！是裏難波的門面 2 由知名的馬鈴薯沙拉等約5種組合而成的特製STAND拼盤680日圓

塩糀バル 遊
しおこうじばる ゆう

依食材及烹調手法的不同，分別搭配以鹽麴、醬油麴、砂糖製成的3種不同甜酒釀所呈現出的麴料理，是該店最自豪的菜色。透過自製的麴提出食材原有滋味的料理，鮮味濃郁，非常適合搭配酒類飲品。

☎070-5501-2109 **MAP** 附錄P18E3
🏠大阪市中央区難波千日前14-18个3 地藏尊通橫丁1F ⚑地下鐵御堂筋線難波站3號出口步行5分 ⏰17:00～23:00LO ⬤不定休 🍴12 🅿無

1 位在千日地藏通橫丁，區內遍佈著5坪左右的小店，頗具夜市風貌 2 以甜酒釀醃漬的小番茄等8種小菜組成的前菜拼盤1500日圓

1 除了吧檯座，另有包廂座位，最多可容納12人 2 PAINE，590日圓。自製馬鈴薯沙拉搭配起司的口感絕妙

鉄板居酒屋 鉄板野郎
てっぱんいざかや てっぱんやろう

有裏難波發展推手之稱的星本幸一郎開設的鐵板燒店。加入雞骨湯頭和海鮮湯底調製的麵糊固然是明星商品，員工們友善親切的服務也是這家店受歡迎的原因之一。

☎06-6643-9755 **MAP** 附錄P18F2
🏠大阪市中央区日本橋2-5-20 ⚑地下鐵千日前線日本橋站5號出口步行5分 ⏰18:00～翌2:00 ⬤週二 🍴34 🅿無

丑寅
うしとら

在難波周邊急速增加的無座小酒館中，丑演可說是開拓者。為了一嘗店家用當令食材烹煮的手路菜和近畿地區的美酒，客人門幾乎每晚都是一開門就擠滿了整家店。一陣風似地進來吃個酒足飯飽，再旋風似地離開，這家店就適合這種瀟灑的吃喝方式。

☎06-6632-7830 **MAP** 附錄P18E2
🏠大阪市中央区難波千日前15-19 地下鐵御堂筋線難波站3號出口步行5分 ⏰17:00～23:00（週六為16:00～，週日為16:00～22:00）⬤無休 🍴約28個站位 🅿無 ※恕不招待5人以上團體客

1 柚子拌生魚泥486日圓。表面先炙燒過後、再放入柴魚高湯慢火煮熟的和風烤合鴨，486日圓；日本酒378日圓～ 2 很多常客都是天天露面。素雅的店面，也廣受客人喜愛

1 厚實的門扉，與店內氣氛相呼應 2 ROYAL CROWN的小菜拼盤，1000日圓

ROYAL CROWN
ろいやる くらうん

位在裏難波的地標——味園大樓裡的老牌咖啡酒吧。老闆慎吾先生豪氣的服務方式，吸引了不少死忠的支持者。週末等時段還會舉辦現場演唱或DJ秀等活動。義大利麵等正餐類的菜色也相當豐富。

☎090-6550-2584 **MAP** 附錄P18E2
🏠大阪市中央区千日前2-3-9味園大樓2F ⚑地下鐵千日前線日本橋站5號出口步行6分 ⏰入場300日圓 ⏰20:00～翌6:00 ⬤無休 🍴28 🅿無

在首屈一指的美食重鎮北新地
初嘗吧檯式割烹

在客人面前，主廚一邊詢問用餐需求一邊安排菜單、進而動手烹調。
這正是源自大阪、人稱「吧檯式割烹」的餐飲形式。在這名店雲集的北新地，有不少老饕也經常造訪。

COMMENTED BY　木元優子　WRITER

しもかつらちゃや げっぱ
下桂茶屋 月波

讓人盡享季節之美的佳餚當前
和老闆自在暢談的閒適片刻

「我是從自然景物當中找到擺盤靈感的呀！」精通京料理的老闆，一邊在生魚片旁襯上或紅或黃的葉片，一邊說著。把經過細膩烹調燴煮的關西蔬菜、以及瀨戶內海的天然鮮魚送進嘴裡，心境便隨之輕柔地沉澱下來。

☎06-4797-7776　MAP 附錄P8D3
🏠大阪市北区曽根崎新地1-7-6新
日本新地大樓東館1F　🚉JR東西線
北新地站11-5出口步行3分　🕐
18:00～（打烊時間不定）　休週日
（有預約才營業）　座44　P無

SHOP DATA

1 前方為生魚片，後方為約含13種食材的八寸前菜。全餐為9180日圓～（另計10%服務費）　2 笑容可掬地說明著採買到的食材與酒類的老闆玉田公一　3 擺放在店門前的行燈，招引人走進溫馨的店內　4 店內隨處可見竹簾、吊掛手鞠等工匠手作精品　5 隔著吧檯座看見的那座碗盤櫃，歷史悠久卻更添風華

1 菜單上沒有的菜色也能
輕鬆點菜的氛圍 2 前方
為放有紫芋湯等的八寸。
全餐6480日圓～（另計
10%服務費）

かっぽう あきやま

割烹 秋やま

有言談恭敬的主廚相迎，以及吧檯座和下
嵌式包廂座位、是間充滿居家氛圍的餐
廳。全餐是一道道透過巧手慧心、將食材
鮮美滋味更向上提升的菜色。亦可從多達
330道的單點菜色當中，依個人喜好點餐。

☎06-6341-1608 MAP 附錄P9C3
🏠大阪市北区堂島1-2-23田園大樓2F 🚃JR東西線
北新地站11-41出口步行5 🕐11:30～13:00
LO、17:30～21:00LO 🈳週日、假日 🈺16 🅿無

てんぷら しゅんらくあん おばた

天ぷら 旬楽庵 おばた

在客人面前現炸的食材，有秋冬限定、滋味濃
郁的親蟹，還有飽滿多汁的海膽等。當令食材
在這裡蛻變得更美味，讓人感受到新奇的驚
喜。熱心鑽研廚藝的老闆，說起話來妙語如
珠，讓人在不知不覺間也跟著開朗了起來。

☎06-6343-1038 MAP 附錄P9C3
🏠大阪市北区堂島1-3-36 曾根崎大樓2F 🚃JR東西線北
新地站11-41出口步行3分 🕐11:30～13:30LO、18:00
～20:30LO 🈳週六午餐時段、週日、假日 🈺9 🅿無

1 2015年8月遷至現址，目
前僅有吧檯座位 2 由前而
後依序為親蟹、帆立貝夾海
膽、大蒜。全餐5940日圓～

1 垂直的木格柵演繹出獨特性 2
前方為烤黑毛和牛，中間是法式
嫩煎龍蝦。全餐6480日圓～

わくちーな はっとり

和 CUCINA HATTORI

由擔任義大利大使館專屬廚師的老闆，打
造出和風的正宗義大利菜，美味至極。
2015年春天開幕的這家店，時有不拘傳統
形式的自由發想，例如黑毛和牛搭配西京
味噌及紅酒醬汁等，讓人眼睛為之一亮。

☎06-6344-5511 MAP 附錄P9C3
🏠大阪市北区曾根崎新地1-11-19北新地STAR大
樓2F 🚃JR東西線北新地站11-41出口即到 🕐
18:00～翌日0:30LO 🈳不定休 🈺40 🅿無

GOURMET GUIDE

拼湊起千滋百味
待在UMEKITA FLOOR直到天明

在GRAND FRONT 大阪的一角，有個城市玩家夜夜出沒的餐廳美食街，
店家選擇豐富多樣，整層樓就像是國外的街頭一樣有趣喔！

COMMENTED BY 中谷晶子 EDITOR

1 公共用餐區約有170個座位。樓面西側的公共用餐區，夜景無與倫比！ 2 在各櫃位點餐時，只要報上桌號，店員就會把餐點送到桌邊來

（ 大阪站·梅田 ）

うめきた ふろあ

UMEKITA FLOOR

從店內到走道，全都熱鬧滾滾
日日夜夜都像在開PARTY！

GRAND FRONT 大阪北館6樓的餐廳美食街，是一個全櫃位都營業到凌晨4時（※）的超深夜型餐廳美食街。入夜後有上班族男女前來，到了夜半時分則有餐飲業的員工和創意工作者聚集在此，各自隨心所欲暢飲。在區內各櫃位所點的餐點和飲料，都可拿到公共用餐區享用，是這裡最大的特色。

是這樣的地方

☎06-6372-6300（GRAND FRONT大阪客服專線）
MAP 附錄P15B1
♠大阪市北区大深町 GRAND FRONT 大阪北館6F ！JR大阪站中央北口步行 5 分
🕐11:00～翌日4:00（翌日3:00LO）平日前的週日、假日～23:00（22:00LO）❽不定休

Regina（創作中華料理）
MOTTA PORTENO（無國界料理）
日本酒バルさわら（日本酒飯館）
muse umekita winebar & grill（義大利料理）
テムジン（餃子）
La Cazuela -roja
ビストロフレンチー gourde（小酒館）
一献酒屋 ひょうたんや（日本料理）
GOOD EAT TABLE&STANDARD BAR（餐酒館）
Nippon ～ジャパニーズ・タパス・バル～（新型態運動酒吧）
BBQ33（燒烤＆啤酒餐廳）
azzurro verdura（時蔬創意料理酒吧）
おばんざいバー 博多漁家 しらすくじら（熟菜酒吧）
公共用餐區
N

HAVE A GOOD NIGHT

in UMEKITA FLOOR

ばる やりぶりん
bar·ya Riblin

以帶骨烤豬排，豬肋排為招牌菜的紅酒酒吧。用手抓起豬排，再大口咬下，滿溢的肉汁就會充滿在整個口腔裡。另備有12種以上不同醬料可供選用。這道在口中迸發的美味料理，請搭配紅酒或啤酒享用。

☎06-6485-7580
🕐11:00～15:00、17:00～翌日4:00（平日前的週日、假日為11:00～23:00）🪑29

1 在烤網架上先燒烤過之後，再送進烤箱烤熟的豬肋排，肉汁飽滿 2 請搭配以豬肉做成的前菜和烤蔬菜一起享用 3 豬肋排1支430日圓～（點餐2支～）。另有3支肋排搭配多種醬料的套餐

りず らりー
Lis Larry

從日本國內外產地，依季節直送各種當令生蠔。碩大彈嫩的生蠔，不論生食或燒烤，一年到頭都享受得到。店內走的是正宗愛爾蘭式無座酒吧路線，在這裡品嘗健力士等頂級啤酒和紅酒，也是一大享受。

☎06-6485-7887 🕐11:00～翌日4:00（平日前的週日、假日為～23:00）🪑3＋無座吧檯

1 全樓層唯一無座酒吧，讓人恍如置身英國老街 2 生蠔拼盤8顆3888日圓～。先確認每一顆生蠔的產地，再比較一下味道吧

ももじゅう
百十

在這家來自長居的人氣餐廳，吃得到大阪少見的文字燒。迎合關西人口味的獨創文字燒，是以奢侈的高湯及配料，煎煮出多樣的風味。店內除了有大阪燒、炒麵之外，還備有豐富的鐵板燒菜單和下酒菜。

☎06-6485-7899
🕐11:00～15:00、17:00～翌日4:00（平日前的週日、假日～23:00）🪑34

1 大阪燒和鐵板燒類的餐點，是在內場的鐵板上做好後送上桌 2 17時後餐桌費500日圓，2小時制 3 大阪燒980日圓～，配料100日圓～，歡迎自由搭配

在大阪站周邊找雜貨
LUCUA osaka & GRAND FRONT 大阪

臨近大阪的玄關──JR大阪站的2大購物景點，是充滿迷人雜貨的寶山。

送禮自用兩相宜的雜貨，備妥接收「好可愛！」電波的天線了嗎？

COMMENTED BY 中谷晶子 EDITOR

GRAND FRONT 大阪

LUCUA 1100

LUCUA

（ 大阪站・梅田 ）── 是這樣的景點

るくあおおさか　ぐらんふろんとおおさか

LUCUA osaka &
GRAND FRONT大阪

到處都是全國第一家、西日本第一家，好多指標性大店！

大阪STATION CITY內的購物中心LUCUA osaka，是日本國內最大規模的車站型商場。除了網羅約200家店的LUCUA之外，在2015年4月又加入了擁有約160家店的LUCUA 1100，人氣更是扶搖直上。另外，在直通大阪站的GRAND FRONT大阪當中匯集了約270家店，包括家具家飾及知名品牌的旗艦店等，是這個地區的地標。

LUCUA osaka
（LUCUA、LUCUA 1100）

☎06-6151-1111（代表線）
MAP附錄P15B3～C2
▲大阪市北區梅田3-1　‼JR大阪站中央口即到　🕐零售10:00～21:00，10樓LUCUA DINING11:00～23:00，地下2樓BARCHICA11:00～24:00　休不定休
P約600輛（收費）

GRAND FRONT大阪
SHOP&RESTAURANT

☎06-6372-6300（GRAND FRONT大阪客服專線）MAP附錄P15B1～C2
▲大阪市北區大深町　‼JR大阪站中央北口（2樓中庭廣場、地下一樓）連通　🕐百貨10:00～21:00，餐飲11:00～23:00（部分因店而異）　休不定休　P330輛（收費）

176 御堂筋線

N
0　100M

北館
●GRAND FRONT 大阪
南館
新阪急飯店 H
Yodobashi Camera

梅田站

大阪站

●梅北廣場

LUCUA●　⊗大阪站

LUCUA 1100

大丸梅田店

梅田站

ENJOY SHOPPING♪

in LUCUA osaka &
GRAND FRONT OSAKA

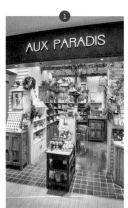

GRAND FRONT大阪南館3F

おうぱらでい
AUX PARADIS

塗抹在肌膚上的東西，最重要的莫過於安心、安全。該店販售使用明確產地來源的天然材料，例如有高保濕力的法國阿爾卑斯驢奶、摩洛哥的榛果樹油等，製成的化妝品和肥皂。

☎06-6359-1876 ●休準同GRAND FRONT大阪

1 店內飄散著適度的自然香氣，光是到店裡走走都讓人覺得很療癒 2 加入富含維他命E成分的榛果樹油所製成的護手霜，75g1944日圓 3 使用驢奶的肥皂20g810日圓，也有含榛果樹油和蜂蜜成分的產品 4 使用成分與母乳相近的驢奶製成的身體乳液200ml，3024日圓。小朋友也能使用 5 自然而香氣高雅的香水15g2808日圓～

GRAND FRONT大阪南館5F

じぇい ぱっしゅ
J.[posh]

彷彿散發著愉快氛圍的店！從全球精選色彩繽紛、設計感強的生活雜貨。來自歐洲各國的廚房雜貨，不只造型迷人，機能性也很強。最適合用來送禮的原創商品線也不容錯過。

☎06-6485-7883 ●休準同GRAND FRONT大阪

1 熊熊好朋友 鹽＆胡椒罐，3420日圓。附有磁鐵，亦可當作家飾使用 2 各種表情逼真的動物馬克杯，每個1620日圓 3 小鳥鑰匙圈，1728日圓。回家後可把鑰匙圈送回鳥巢。小狗鑰匙圈2484日圓，則是會員負責看家，掛上鑰匙後，小狗就會出來迎接主人回家 4 烤肉或宴會時，在自己的杯子上加一隻色彩繽紛的小鳥當記號。蜂鳥party 6隻組，1512日圓 5 光是擁有就能讓人每天心情大好的雜貨

GRAND FRONT大阪北館1F

かんぽ まるつぃお でざいん

Campo Marzio Design

只要加入義式色彩，就算是平淡無味的工作場所也會瞬間變得閃閃發光！？源自義大利的文具，除了好用之外，普普風的搶眼色系更是它們的魅力。設計上也適合男士搭配使用，因此送禮自用兩相宜。

☎06-6485-7706 ⏰休準同GRAND FRONT大阪

1 店內後方架上放著一整面的原子筆，也網羅了公事包等皮製小物 2 項鍊型原子筆，也可當作包包或記事本上的裝飾。9色各3780日圓 3 SIENA原子筆共有10色，每支5400日圓。每支筆上的賽璐珞花樣都不同 4 藝術習字筆尖組3240日圓～。有了它，寫字會變得很快樂！ 5 附護腕枕滑鼠墊，6色各3456日圓。合成皮製，保養簡單

LUCUA 1F

アダム エ ロペ ル マガザン

Adam et Rope'Le Magasin

「PLAY MORE！」是能讓日常生活變有趣，讓特別的日子更熱鬧的選物店，店內充滿饒富玩心的雜貨。從世界各國的奇特雜貨，到稍微古靈精怪的小禮品等，讓人光是拿起來看都覺得雀躍不已。為每天的生活多加點玩心吧！

☎06-6151-1157 ⏰休準同LUCUA osaka

1 出門總是隨身攜帶的thermo mug隨身保溫瓶，每個3024日圓 2 WALLMUG BOTTLE，1512日圓。Magasin man呈現的感覺會隨瓶中飲料的顏色改變？ 3 INIC coffee Smooth Aroma，302日圓；加牛奶沖泡的歐蕾精專用Morning Aroma，324日圓 4 「PLAY MORE！」以及原創角色「Magasin man」插圖馬克杯，每個1296日圓 5 店內擺滿了能讓每天過得更HAPPY的生活雜貨及流行小物

1 產地直送的福岡完熟甘王草莓果醬150g810日圓 2 綜合醃漬物120g756日圓，色彩繽紛美麗 3 可以直接佐餐食用，也可以入菜。香蒜櫻花蝦120g1296日圓 4 使用北海道產的真昆布、昆布粉末製成的鹽麴昆布28g540日圓 5 DOORS GROCERY的瓶裝食品和調味料的品項齊全程度無可匹敵

LUCUA 1100 2F

たいにーがーでんふーず　あーばんりさーち

TINY GARDEN FOODS URBAN RESEARCH

人氣系列「DOORS GROCERY」的果醬和熟食等瓶裝保存食品一字排開，是「食物的選物店」。廚房、餐桌等相關的日用雜貨也一應俱全。

☎06-6151-1524
營休準同LUCUA osaka

LUCUA 1100 2F

ぶるー　ばい　ろいやる　こぺんはーげん

BLUE by ROYAL COPENHAGEN

全球知名的高級陶瓷器品牌推出的日用產品線，網羅了眾多可以天天使用的餐具及廚房用品。色調柔和的花圖騰系列，實用性高，很受顧客青睞。品牌自豪的紅茶還做成了禮盒。

☎06-6151-1529　營休準同LUCUA osaka

1 品牌首度進軍西日本。以價格親民、平時皆可使用的產品為主 2 花圖騰馬克杯各2160日圓、方盒3240日圓、托盤3780日圓。紅茶搭配烘焙點心的禮盒1080日圓～，可依個人喜好搭配

LUCUA 1100 2F

のいえ　かるて

Neue Karte

等不及要看到送禮對象的驚訝和笑容！由神戶的家飾店「A NON DESIGN」策劃的禮品店，堅持只賣「能送上心意的單品」，並精選來自日本國內外各種設計充滿匠心巧思的卡片。

☎06-6151-1513　營休準同LUCUA osaka

1 把信裝在小瓶子裡，或把自己的心意寫成一本迷你小書。留言貼紙各497日圓 2 光是在店內逛逛看看，彷彿就能想像到送禮對象的笑容 3 使用方式隨心所欲的鋁製字母各378日圓 4 由英國的專業卡片印刷公司所推出的「Art File」卡片各594日圓

高品味的商品好迷人
生活方式提案型商店

陪伴人們度過生活日常的雜貨，是種會在無意間對的生活型態帶來影響的東西。
洗練的精選單品，光是把它們拿在手上，就會為您喚醒一段充實豐富的時光。

COMMENTED BY 中谷晶子 EDITOR

(堀江)

でぃあんどでぱーとめんと おおさか

D&DEPARTMENT OSAKA

長期愛不釋手、長期持續使用的東西
來找個更理想的人生伴侶

設計感、功能性俱佳，即使物換星移仍能讓人愛不
釋手。以「LONG LIFE DEDESIGN」為主題，精選
日用品、家具和食品等。店內只陳列出與製造者仔
細溝通過後所選出的真正優質良品，宛如一座現代民
藝館。讓選物眼光很高的大阪人也為之折服的各種
品項，是一大亮點。

☎06-4391-2090　MAP 附錄P13A2
🏠大阪市西區南堀江2-9-14　🚇地下鐵千日
前線櫻川站2、5號出口步行5分　🕐11:30
～20:00(餐飲～22:00LO)　🚫週三　🅿無

1 橫跨各種領域的選
品，每一件都充滿了
感情，讓人看上幾小
時也不膩 2 大阪 柏
原市所生產的張子擺
飾小老虎，可以用來
避邪。小1080日
圓～ 3 位在堂島的
紅茶專賣店ムジカ
（現已搬遷至芦屋）
為D&DEPARTMENT
推出的客製特調
2678日圓 4 來自瑞
士的環保品牌
FREITAG，品項齊
全冠於大阪。背包
16740日圓，收納包
4428日圓

HAVE A NICE TIME

1 知名的大阪當地啤酒——箕面啤酒463日圓～，在餐飲區也有供應

2 店內還有蒐集、復刻1960年代不計成本打造的精品

3 在家具樓面還有銷售中古黑膠唱片，唱片裡隱約透露出店內員工的個人特質

4 餐飲區還供應午餐。D&歐姆牛肉燴飯套餐1400日圓

中之島～本町

ぐらふ
graf

以大阪為據點出發，活躍於日本全國各地的創意團體graf推出的商店＆咖啡廳。店內以陳設原創的家具、商品為主，同時也推廣一些希望能融入到生活中的新經典設計。此外，該店也積極推動與創作者或製造商的跨界合作。

☎06-6459-2100　附錄P11B1
🏠大阪市北区中之島4-1-9graf studio 1F　🚃京阪中之島線中之島站6號出口步行8分　🕚11:00～19:00　週一（逢假日則翌日）　Ｐ無

1 網羅了來自各領域、能夠傳達出「生活態度」的單品 2 graf獨家特調茶，1296日圓～ 3 使用太陽能電池的沙漏型SPHELAR LANTERN 4 以簡潔為賣點的餐具組，486日圓～ 5 以黃銅製成的切片蘋果造型紙鎮10260日圓

心齋橋

たぴえ すたいる
Tapie Style

開幕至今20年，Tapie Style儼然已成為將國內外創作者推向成名舞台的雜貨商店＆藝廊。該店以獨到的眼光，精選能傳達出創作者情感的品項。店內從日用品到飾品、服裝等，充滿了能讓日常生活更添趣味的各項單品。

☎06-4963-7450　附錄P17C1
🏠大阪市中央区南船場4-4-17-地下1階　🚃地下鐵御堂筋線心齋橋站3號出口即到　🕚12:30～19:30LO　週三（逢假日則營業）　Ｐ無

1 おむすび堂的掛飾（掛旗），2700日圓，讓房間平常也像在辦PARTY！ 2 店內的陳列能讓造訪者的創意也獲得刺激 3 PeeKa Boo Work以熱縮片素材製成的耳環，1944日圓。細膩的圖案很可愛 4 eikobo的樹脂黏土胸針1404日圓，人物表情逗趣 5 選材獨特的Perhe耳環各4104日圓

ちゃるか
CHARKHA

引爆捷克雜貨流行風潮的知名雜貨店 CHARKHA，現已從北堀江搬遷到松屋町。店內除了有具備獨特配色和設計的東歐雜貨和琉璃珠，還有原創紙品。有了這些作工細膩的商品，似乎就能更豐富你我的日常生活。

☎06-6764-0711 MAP附錄P12E1
🏠大阪市中央區瓦屋町1-5-23
🚋地下鐵長堀鶴見綠地線松屋町站3號出口步行5分 🕐13:00～18:00 🈳週一、週二 🅿無

1 折疊式信封卡片組346日圓，有6種花樣 2 原創飾品是向捷克工匠特別訂製的。左側項鍊9720日圓、中間項鍊7560日圓、右側別針12960日圓 3 原創信箋組1296日圓，內含2種不同花色的信紙 4 老闆親赴東歐挑選雜貨

びおとーぷ おおさか
BIOTOP OSAKA

創始於東京・白金台的人氣商店所開出的第二家分店，以獨到的眼光精選紳士・仕女流行服飾、化妝品、雜貨、以及園藝等，提升您的都會生活品質。1樓有附設咖啡廳，頂樓還有戶外露天餐廳。

☎06-6531-8223 MAP附錄P17B3
🏠大阪市西區南堀江1-16-1 1・2・4F 🚋地下鐵四橋線四橋站6號出口步行5分 🕐服飾、美妝販售11:00～21:00(園藝、餐廳、咖啡廳營業時間略有不同) 🈳不定休 🅿無

1 綠意盎然的空間 2 園藝專區裡還有販售乾燥花 3 與今治的毛巾品牌「HIPPOPOTAMUS」跨界合作的毛巾，3564日圓～ 4 英國有機保養品牌「bamford」的身體保養系列R（6480日圓）等品項 5 為有田燒拓展新用途的品牌「1616/Arita JAPAN」推出的圓盤540日圓～

在小巷之鎮「中崎町」散步
找尋用心講究的雜貨商店

從梅田往東走十幾分鐘之後，看見由町家改裝而成的商店，散佈在錯綜複雜巷弄之間，就是來到了中崎町。
一邊散步、一邊逛著充滿不同特色的雜貨店，可是一大樂事喔♪

COMMENTED BY　木元優子　WRITER

ぎにょーる
Guignol

帶著西方香料風味
有個性的超現實世界，俘虜你的心

店內販售在法國跳蚤市場精選而來的雜貨，以及日本藝術家的作品。商品以飾品和裝飾小物為主，創作主題有生物、醫療、星球、教堂等，非常獨特。2樓還設有藝廊，讓人在非日常的空間當中彷彿忘了時間的流逝。

SHOP DATA

☎06-6359-1388　MAP 附錄P8E1
🏠大阪市北區中崎2-3-28
🚉地下鐵谷町線中崎町站2號出口即到　🕛12:00〜20:00　🈳週二，另有不定休　🅿無

1 擺滿飾品的風琴是腳踏式的骨董品 2 屋齡80年，前身是民宅。在這個歷經時間淬瀝過的空間裡，充滿獨特的魅惑氛圍 3 記載著魔法、咒術、煉金術的讀本，每份各983日圓 4 「住在廢爐裡的餓餓小熊」手工胸針，10800日圓 5 左右兩個湊在一起，看起來就像隻蝴蝶標本的耳環3240日圓 6 畫有聖母瑪麗亞像、裝飾也很精美的聖水盆6804日圓

1 門面就像是早期的商店 2 有狀態良好的餐具、琺瑯鍋、文具、髮飾等 3 東洋陶品出品的漩渦花樣復古杯盤組，1500日圓 4 洋溢女孩風格的Fire-King蕾絲點點馬克杯，4500日圓 5 鋁製和少女漫畫風的圖案，讓人好懷念！便當盒1600日圓

あんだんて
ANDANTE

昭和30～40年代的雜貨，讓人不禁喊出「我以前也有這個！」、「我阿嬤家有這個！」。在這裡能找回兒時的愉快回憶，會讓人很想對那個據說是從商店街裡慢慢收集到這些東西的老闆說聲謝謝。

☎06-6375-7820 MAP附錄P14F1
🏠大阪市北區中崎西1-1-28 🚇地下鐵谷町線中崎町站2號出口即到 🕐12:00～19:00 休週一 🅿無

どうぶつざっかおんりー ぷらねっと
動物雜貨ONLY PLANET

店內只賣動物雜貨，從風格樸實的木雕作品、到創作者絕無僅有的作品，甚至是從海外各國進口的繽紛裝飾品等，讓上門的人都會不禁莞爾一笑。除了價格合理之外，貓頭鷹和貓咪等動物的表情很討人喜歡，最適合拿來饋贈親友。

☎06-6359-5584 MAP附錄P14F1
🏠大阪市北區中崎3-1-6 🚇地下鐵谷町線中崎町站2號出口即到 🕐約11:00～約20:00 休不定休 🅿無

1 以質地輕盈的摩鹿加合歡樹製成的「懶洋洋動物」系列864日圓～ 2 店內整理得井井有條，可以感受得到老闆對動物的喜愛 3 約有多達100種的人心果樹製餐具，454日圓～ 4 直徑3.5公分的小貓咪♪，擺出了道謝的動作800日圓

散步途中的嘴饞景點
在巷子裡的咖啡廳和烘焙坊補充能量！

ささのぱん
ささのはパン

堅持使用自製天然酵母和有機原料的烘焙坊。越嚼越覺得有深度的溫和滋味，讓人吃得心裡暖洋洋的。

☎06-6371-5014 MAP附錄P8D1
🏠大阪市北區中崎3-3-12 🚇地下鐵谷町線中崎町站2號出口步行3分 🕐12:00～約18:00售完即打烊 休週日～週二、假日(另有夏、冬季停業) 🅿無

1 加入果乾和核桃的裸麥麵包590日圓
2 芳香微甜的小葡萄乾核果貝果220日圓

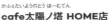

かふぇたいようのとう ほーむてん
cafe太陽ノ塔 HOME店

擺放著古董家具的咖啡廳，以居家溫馨氛圍為其魅力所在。感受得到當令時節的可愛蛋糕裝飾，一看就讓人滿心雀躍。

☎06-6374-3630 MAP附錄P8E1
🏠大阪市北區中崎2-3-12PILOTビル1F 🚇地下鐵谷町線中崎町站2號出口即到 🕐11:00～23:00LO

1 內裝用色令人印象深刻 2 千層派蛋糕和Ronnefeldt的蜜桃花園茶組合980日圓(未稅)

地圖標示：
N 0 50M
中崎2北
ささのはパン
cafe太陽ノ塔 HOME店
卍淨方寺
Guignol
正宣寺 卍
動物雜貨 ONLY PLANET
ANDANTE
卍 中崎町
善德寺 卍
中崎1
地下鐵谷町線
往天神橋筋六丁目站
JR大阪環狀線
往東梅田站

在關鍵時刻勝出的伴手禮。
人氣零食廠商的頂級產品線

提到以「高級感」贏得收禮者歡心的伴手禮，莫過於在百貨地下街才買得到的人氣廠商零嘴了。

味道和「那款熟悉的零嘴」已截然不同，以一反平常的全新面貌呈現出奢華的美味。

COMMENTED BY 橋本尚代　WRITER

HAPPY Turn's HAPPY Joy
12入540日圓

「魔法之粉」再進化，口味也更豐富。和三盆糖口味在關西地區只在阪急梅田總店販售。

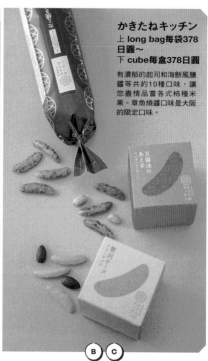

かきたねキッチン
上 long bag每袋378日圓～
下 cube每盒378日圓

有濃郁的起司和海鮮風鹽醬等共約10種口味，讓您盡情品嘗各式柿種米果。章魚燒醬口味是大阪的限定口味。

（大阪站・梅田）—————Ⓐ

はんきゅううめだほんてん
阪急梅田本店

匯集了多款連日大排長龍的人氣甜點，還有許多限店販售的商品，更接連舉辦多場食品相關的特賣活動，讓人覺得每次到這裡，彷彿就可以得到一些新的刺激。

☎06-6361-1381（代表號）MAP 附錄P14D3
🏠大阪市北区角田町8-7 🚶JR大阪站御堂筋南口步行3分
🕐10:00～20:00（週五、六～21:00，部分櫃位營業時間略有不同）😴不定休 Ⓟ無

（大阪站・梅田）—————Ⓑ

はんしんうめだほんてん
阪神梅田本店

美饌樓層相當充實豐富相當，就連在當地也深受信賴。網羅了多種充滿大阪特色的商品，諸如「たねや」印有可愛老虎圖案的銅鑼燒等，只有這裡才買得到。

☎06-6345-1201（代表號）MAP 附錄P14D3
🏠大阪市北区梅田1-13-13 🚶JR大阪站中央口即到
🕐10:00～20:00（依週間日期、樓層而異）
😴不定休 Ⓟ無

人氣零食顯商的頂級產品線

GRAND Calbee
洋芋片
**4袋裝540日圓
（於10〜3月販售）**

能充分品嘗到馬鈴薯美
味的厚切洋芋片，口感
爽脆。4〜9月則是販
售酥香的薯條。

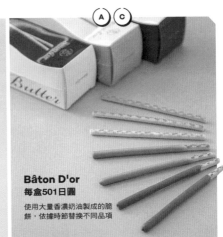

Bâton D'or
每盒501日圓

使用大量香濃奶油製成的脆
餅，依據時節替換不同品項

pon pon Ja pon
ポンポンココ　每個411日圓

大阪著名零嘴，裹上草莓、
抹茶等口味的焦糖米花糖。
包裝也是走普普風。

KitKat
Chocolatey
Sublime
**White、Milk、Bitter
每條324日圓**

Bitter（前方）含有66%的可可
成份。甜味中帶點酸味及苦味，
三者平衡恰到好處。

道頓堀・難波 Ⓒ

たかしまやおおさかてん
髙島屋大阪店

設有近60家的甜點店。在這些店家當中，網羅日本
全國名點的「名點百選」專櫃，是挑選伴手禮的好去
處。

☎06-6631-1101（代）　附錄P18D2
大阪市中央区難波5-1-5　地下鐵御堂筋線難波站即到
10:00〜20:00（餐廳美食街11:00〜23:00）不定休
700輛（出租）

大阪站・梅田 Ⓓ

だいまるうめだみせ
大丸梅田店

直通JR大阪站，交通也相當方便。店內也有販售剛
出爐的「大丸鰻頭」，上面印有大圓形記號，相當特
別，很合適當伴手禮。

☎06-6343-1231（代表號）　附錄P15C3
大阪市北区梅田3-1-1　JR大阪站中央口即到　10:
00〜20:30（地下2F〜9F週五、六〜21:00，依樓層、店舖
略有部同）不定休無

就想聽到「好可愛哦！」
賞心悅目、華麗的甜點

只要外觀、形狀賞心悅目，吃起來當然口味也出眾。挑選伴手禮，更是首重外觀。
一邊想像著親友打開那一瞬間所發出的歡呼聲，一邊挑選伴手禮，結果不小心就多買了給自己的份。

COMMENTED BY　橋本尚代　WRITER

Ⓐ

Ⓑ

可麗露
每個110日圓～
全口味8入裝，1150日圓
（售價隨當季可麗露價格
而變動）

黃豆粉、雜糧、抹茶，與
可麗露形成完美協調。約
4公分的小尺寸，吃起來
外表酥脆，裡面Q軟。
有效期限：製造日隔天之
內

萩餅
4入約650日圓

前方為大納言雜糧萩餅。放
入口中可以享受到雜糧的顆
粒口感，恰如其分的甜味吃
起來很爽口。
有效期限：製造日隔天之內

(北新地)　──────Ⓐ

もりのおかし
森乃お菓子

萩餅個頭雖小、但卻充分發揮出食
材本身的滋味，吃起來很有感。該
店備有2款4入組合，各搭配不同
的常銷及當季口味商品。

☎06-6341-2320 附錄P8D3
🏠大阪市北区曾根崎新地1-1-43第2大
川大樓1F ‼JR東西線北新地站11-43
出口步行3分 🕐16:30～售完即打烊
🈳週日、假日 🅿無

(北新地)　──────Ⓑ

かぬれ どうじゃぽん どうどう
CANÉLÉ du JAPON
doudou

結合法國傳統點心與日本食材的甜
點。常銷商品5款，外加季節限定商
品等，總計店頭常備8款可麗露。

☎070-6508-8880 附錄P9B4
🏠大阪市北区堂島浜2-1-13 ‼京阪中
之島線渡邊橋站7號出口步行7分 🕐11:
00～19:00（售完即打烊）🈳週三 🅿無

(心齋橋)　──────Ⓒ

ながさきどうしんさいばしほんてん
長崎堂 心齋橋本店

創立於大正8年（1919）的老字
號。上市逾30年的CrystalBon
Bon，迄今仍以純手工少量生產。

☎06-6211-0551 附錄P16D3
🏠大阪市中央区心斎橋筋2-1-29 ‼地
下鐵御堂筋線心齋橋6號出口步行5分
🕐10:00～18:00 🈳無休 🅿無

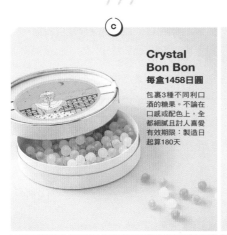

Crystal Bon Bon
每盒1458日圓

包裹3種不同利口酒的糖果。不論在口感或配色上，全都細膩且討人喜愛
有效期限：製造日起算180天

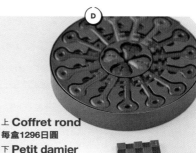

上 Coffret rond
每盒1296日圓
下 Petit damier
每片141日圓

將不同可可比例或口味的巧克力搭配成一盒，讓您品嘗它們不同的味道、香氣與化口度。
有效期限：製造日起算180天

爆米花
S size 400日圓～

從長銷的焦糖、到適合下酒的口味，香醇濃郁的味道，讓您一吃就上癮。
有效期限：售出日起算14～20天（依口味不同而略有差異）

杯子蛋糕
1個360日圓～

用糖霜做出蝴蝶或寶石等可愛的造型裝飾。蛋糕甜而不膩，整體口味均衡絕妙。
有效期限：製造日起算2天

（ 心齋橋周邊 ）————Ⓓ
きゃぎ どれーぷ
Cagi de rêves

原料主要使用的是馬達加斯加產的可可豆，製作出講究的巧克力。以鑰匙為主題的設計也很迷人。

☎06-6767-6133　MAP 附錄P10E4
🏠大阪市中央区神崎町4-12UHA館1F
🍴地下鐵長堀鶴見綠地線松屋町站2號出口即到　🕐11:00～20:00（週六日、假～17:00）　休不定休　Ｐ無

（ 大阪站・梅田 ）————Ⓔ
くくるざ ぽっぷこーん うめだるくあてん
KuKuRuZa popcorn
梅田LUCUA店

源自美國西雅圖，店內常備10款以上、口味繽紛的美味爆米花專賣店，手工製作呈現出來的口味，大受歡迎。

☎06-6151-1144　MAP 附錄P15C2
🏠大阪市北区梅田3-1-3 LUCUA地下1F　🍴JR大阪站中央口即到
🕐10:00～21:00　休不定休　Ｐ有特約停車場（30分300日圓～）

（ 西天滿 ）————Ⓕ
ふぇったんぼんぼん
fait en bonbons

外觀有著粉紅妝點、宛如在繪本裡會出現的烘焙西點店。稍加裝飾過的可麗露「fait en bonbon」很受歡迎，每個售價230日圓。

☎06-6355-4877　MAP 附錄P8E4
🏠大阪市北区西天滿3-1-5英和大樓1F
🍴京阪中之島線難波橋站3號出口步行3分　🕐12:00～18:00　休週三、週日
Ｐ無

可以聽得到「好可愛哦！」的禮物
色彩繽紛的糖果＆巧克力♪

伴手禮這種東西，在交到對方手上那一刻的驚喜，是很重要的吧？
這裡介紹的藝術小禮，保證可以讓收禮者說出「好可愛哦！」，味道當然也是有掛保證的。

COMMENTED BY 中谷晶子 EDITOR

蠟筆
每枝140日圓

可愛與驚喜都破表的巧克力。還有1盒12枝的組合，售價2000日圓。

酸甜迷你棒棒糖
每公克4.5日圓（未稅）

源自美國，在人氣糖果上加根棒子，就化身為棒棒糖了！美式的原色調很吸引人。

漩渦果凍糖
每公克4.5日圓（未稅）

粉彩色的漩渦，有著令人懷念的滋味＆口感。說不定還可以在嘴裡邊吃邊解開漩渦喔!?

行星巧克力
每個454日圓，
8入組合3629日圓

以太陽系8大行星為創作主題的巧克力球當中，每顆都包裹著不同風味的甘納許。

多款巧克力
每個290日圓

充滿藝術氣息的圖案和形狀，讓人一看就忘不了？加入健力士啤酒或蘇格蘭威士忌的特殊口味也很棒！

（ 大阪站・梅田 ） ──── Ⓐ

まっくす ぷれなー ちょこれーとばー
MAX BRENNER CHOCOLATE BAR

來自以色列，引爆話題的巧克力主題樂園。在附設的咖啡廳裡可以享用到巧克力披薩、以及可自選巧克力的巧克力鍋。

☎06-6147-7440 MAP 附錄P15B3
🏠大阪市北区梅田3-1-3LUCUA 1100 2F ♥️JR大阪站中央口即到 ⏰10:00～21:00 休準同LUCUA osaka（→P64）Ⓟ約600輛（收費）

（ 中之島～本町 ） ──── Ⓑ

しょこらぶてぃっく れくら
Chocolate Boutique L'eclat

位在中之島麗嘉皇家飯店裡的巧克力專賣店，有許多散發著藝術光芒的巧克力。店員們對巧克力都很熟悉，是很可靠的諮詢對象。

☎06-6441-1308 MAP 附錄P11A1
🏠大阪市北区中之島5-3-68麗嘉皇家飯店 1F ♥️京阪中之島線中之島站連通 ⏰11:00～19:00(4～9月為11:30～18:30) 休無休 Ⓟ732輛（收費）

（ 中之島～本町 ） ──── Ⓒ

てぃかーる ばい かかおんます よどやばしてん
TIKAL by Cacao en Masse 淀屋橋店

由玉造「BROADHURST'S」（→P93）所策劃的巧克力專賣店。網羅了眾多對可可極為講究的正統派巧克力，甚至還考究到可可豆的產地等條件。

☎06-6232-0144 MAP 附錄P11C2
🏠大阪市中央区伏見町3-3-3芝川大樓 1F ♥️地下鐵御堂筋線淀屋橋站13號出口步行2分 ⏰11:30～19:00(週六日～18:00) 休週一 Ⓟ無

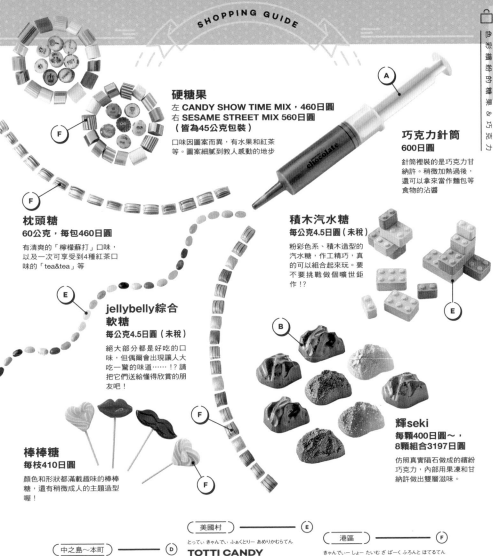

硬糖果

左 CANDY SHOW TIME MIX，460日圓
右 SESAME STREET MIX 560日圓
（皆為45公克包裝）

口味因圖案而異，有水果和紅茶
等。圖案細膩到教人感動的地步

巧克力針筒

600日圓

針筒裡裝的是巧克力甘
納許。稍微加熱過後，
還可以拿來當作麵包等
食物的沾醬

枕頭糖

60公克，每包460日圓

有清爽的「檸檬蘇打」口味，
以及一次可享受到4種紅茶口
味的「tea&tea」等

積木汽水糖

每公克4.5日圓（未稅）

粉彩色系、積木造型的
汽水糖，作工精巧，真
的可以組合起來玩。要
不要挑戰做個曠世鉅
作!?

jellybelly綜合
軟糖

每公克4.5日圓（未稅）

絕大部分都是好吃的口
味，但偶爾會出現讓人大
吃一驚的味道……!? 請
把它們送給懂得欣賞的朋
友吧！

輝seki

**每顆400日圓～，
8顆組合3197日圓**

仿照真實隕石做成的繽紛
巧克力，內部用果凍和甘
納許做出雙層滋味。

棒棒糖

每枝410日圓

顏色和形狀都滿載趣味的棒棒
糖，還有稍微成人的主題造型
喔！

（ 中之島～本町 ）————Ｄ

れぐーて
Les goûters

面對靭公園，是當地人御用的可愛
西點店。除了有選用當季水果作成
的繽紛蛋糕之外，烘焙小點心和花
色小蛋糕也很豐富多樣。

☎06-6147-2721 **MAP** 附錄P11B2
🏠大阪市西區京町堀1-14-28 🚇地下
鐵四橋線本町站28號出口步行10分
🕐10:00～20:00 🈲週一 🅿無

（ 美國村 ）————Ｅ

とってぃ きゃんでぃ ふぁくとりー あめりかむらてん
**TOTTI CANDY
FACTORY 美國村店**

精選全球50種以上的糖果，以每
公克4.5日圓（未稅）的價格秤重
供應。特大＆色彩繽紛的棉花糖
（500日圓～）也很受歡迎！

☎06-6210-3928 **MAP** 附錄P17C3
🏠大阪市中央區西心斎橋2-11-9 🚇地
下鐵御堂筋線心齋橋站7號出口步行5
分 🕐11:00～20:00（週六日、假日為
10:00～）🈲不定休 🅿無

（ 港區 ）————Ｆ

きゃんでぃーしょー たいむず ばーく ふろんと はててるてん
**CANDY SHOW TIME
園前酒店分店**

可在店內的工坊近距離欣賞師傅製
作糖果的情況。店內還有只限該店
銷售的硬糖果。

☎06-4804-1117 **MAP** 附錄P23C1
🏠大阪市此花區島屋6-2-52日本環球
影城園前酒店3F 🚇JR夢咲線Univers
al City站即到 🕐10:00～22:00（因時
期變更）🈲無休 🅿無

繞到大阪當地人也經常造訪的
美味烘焙坊瞧瞧

大阪人對味道極為講究，而能虜獲他們芳心的美味烘焙坊，麵包迷當然不能錯過。

匯集了獨具匠心的逸品，讓您一不小心就買過頭喔！

COMMENTED BY　福尾 梢　WRITER

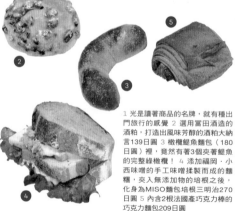

ふーどすけーぷ

foodscape!

活用日本各地食材的特色麵包

由在日本各地行旅的料理開拓者——堀田裕介先生所開設的工作坊廚房兼麵包坊＆咖啡吧。堀田先生在旅途中遇見的生產者們所提供的食材，諸如滋賀縣冨田酒造的酒粕、大阪kawabata farm的大阪傳統蔬菜等，都運用在店裡銷售的約60款麵包當中。

1 光是讀著商品的名牌，就有種出門旅行的感覺 2 選用冨田酒造的酒粕，打造出風味芳醇的酒粕大納言139日圓 3 橄欖鯷魚麵包（180日圓）裡，竟然有著3個夾著鯷魚的完整綠橄欖！ 4 添加福岡·小西味噌的手工味噌醺製而成的麵糰，夾入無添加物的培根之後，化身為MISO麵包培根三明治270日圓 5 內含2根法國產巧克力棒的巧克力麵包209日圓

☎06-6345-1077　МАР 附錄P9B4
🏠大阪市福島区福島1-4-32
🚉阪神福島站東出口步行5分
🕗8:00～20:00(2F內用～18:00)
🛑不定休
🪑25　🅿無

（ 心齋橋 ）

しゅくれくーるよつばししゅっちょうじょ
Le Sucré-Coeur四橋出張所

大阪最具代表性的麵包專賣店分店。店內除了每天早上從總店直送的硬麵包之外，還有該店限定的夾心麵包，內餡夾有多種口味的奶油，是令人懷念的好味道。

☎無　MAP附錄P17B1
🏠大阪市西区新町1-8-24角屋四ツ橋ビル地下1階　🚃地下鐵四橋線四橋站2號出口步行3分　🕐11:30～19:00（售完即打烊）　🈲週三、六（另有臨時休業。預計2016年4月後變更）　🅿無

1 奶油夾心麵包 Yotsubashi240日圓 2 法國土司加卡士達醬350日圓 3 白巧克力與柳橙、橄欖麵包，1/2條260日圓 4 復古的展示櫃

（ 中崎町 ）

ぶーらんじぇ えす かがわ
Boulanger S.KAGAWA

老闆加川慎二先生堅持，只選用北海道產的四葉奶油和天然水等自己認為美味的食材。為方便能讓麵包與顧客家中的餐點搭配食用，因而作出少鹽且組成簡單的麵包。

☎06-6374-0181　MAP附錄P8E1
🏠大阪市北区中崎1-10-10ソレイユ中崎1F　🚃地下鐵谷町線中崎町站1號出口即到　🕐7:30～19:00（售完即打烊）　🈲週二、三　🅿無

1 都是簡單卻有層次的美味麵包 2 牛奶法國麵包150日圓 3 使用糙米粉製成的Q彈麵包Riz Cargo120日圓 4 捲入2種葡萄乾的葡萄乾麵包160日圓

（ 心齋橋周邊 ）

ぶーらんじぇりー ぐう
Boulangerie goût

閃閃發亮的丹麥麵包和硬麵包類的商品等，共有150款，令人眼花撩亂。當中尤其備受矚目的，是選用北海道小麥作成的麵包。選用北方之香或春戀等，作出100%單一品種的麵包，香氣馥郁、口感Q彈，迷人至極。

☎06-6762-3040　MAP附錄P6E1
🏠大阪市中央区安堂寺町1-3-5Capitol安堂寺1F　🚃地下鐵谷町線谷町六丁目站7號出口步行5分　🕐8:00～21:00　🈲週四，另有不定休日　🅿無

1 鬆軟Q彈的春戀麵包捲4入302日圓 2 以100%北方之香成的麵種當中，揉入葛瑞爾和艾登起司的雙重起司麵包270日圓 3 清爽的檸檬萊姆270日圓 4 從鹹麵包到甜麵包，品項多元

章魚燒、老虎、通天閣
越蒐集越開心的「大阪圖樣」

雜貨或零食上，遍佈著普普風的大阪味設計。收到這樣的伴手禮一定會讓人很開心。
從純粹the 大阪的圖樣、到要稍微動腦思考一下才懂的玩心，全都任君挑選。

COMMENTED BY 中谷晶子 EDITOR

手巾
「Osaka Sight Seeing」
1728日圓

染上大阪城、海遊館、阿倍野HARUKAS
等大阪名勝的手巾，是與大阪觀光局合
作推出的商品

猛虎牙刷
每支540日圓

讓人聯想到那個超人氣
球隊的黃×黑色2款。
附帶一提，牙刷是大阪
八尾的特產

在地罐 大阪搞笑粗粃
10入裝864日圓

以「搞笑」為主題的大阪元素在罐上繽
紛呈現。蓋上的紙老虎，是大阪·柏
原的名產

三都手巾物語
右「好笑歌」
左「大阪的靈魂食糧」
每條各2052日圓

以京阪神三都為主題，將6位藝術家的
插畫作成手帕，濃縮了從各種角度解讀
的大阪意象

CANDY大阪 MIX
40公克裝，530日圓

在直徑不到1公分的金太郎糖裡，
賞玩在這極小大阪裡才能呈現的題
材

（大阪站·梅田）─────Ⓐ

にっぽんいち
日本市

由奈良的麻織品老店——中川政七商
店，以「日本伴手禮」為主題開設的櫃
位。店內充滿了用巧思玩轉在地名產或
民藝品之後，所打造出來的玩心之作。

☎06-6151-1515 MAP附錄P15B3
🏠大阪市北区梅田3-1-3LUCUA 1100
2F 🚶JR大阪站中央口即到 🕙10:00
～21:00 ㊡準同LUCUA osaka
（→P64）Ⓟ約600輛(收費)

（大阪站·梅田）─────Ⓑ

ひとつぶ かんろ
ヒトツブカンロ

由「KANRO（甘樂）」直營的概念
店，這家店是繼東京之後的2號店。
熟悉的糖果在這裡都被重新設計得更
美麗，適合當作別出心裁的禮品。

☎06-6151-1528 MAP附錄P15B3
🏠大阪市北区梅田3-1-3LUCUA 1100
2F 🚶JR大阪站中央口即到 🕙10:00
～21:00 ㊡準同LUCUA osaka
（→P64）Ⓟ約600輛(收費)

越逛越開心的「大阪圖樣」

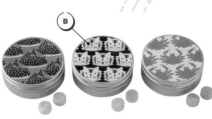

鳳梨糖
布巾
540日圓

以原尺寸大小，將發源自大阪的糖果「鳳梨糖」印到布巾上。而奈良特產的蚊帳布質，吸水性也很不錯

(A)

果香喉糖
每盒390日圓

以鯨鯊、老虎、螃蟹這三種讓人聯想到大阪的生物，設計出可愛的造型

REFLEX TABLET
每盒360日圓

打開幾何圖樣的盒子之後，就會有大阪元素跳出來說「你好」。這些生物的表情也很可愛喔！

大阪手巾
1620日圓

以堺的傳統工藝——注染的技術，染出大阪元素的手帕。紅、藍兩色更顯時尚

(A)

眼鏡盒
章魚燒
2376日圓

色彩繽紛的小章魚燒圖樣，選用的顏色是讓人聯想到麵粉的黃、醬汁的咖啡色、紅薑的紅、青海苔的綠

(A)

(E)

浪花本染
手巾
每條1080日圓～

在河內木綿布上，注染出章魚燒或大阪燒鏟的圖樣。道頓堀和新世界的禮品店也有販售

大阪站・梅田 ─────── C

ぱぱぶぷれ るくあおおさかてん

PAPABUBBLE LUCUA大阪店

來自西班牙的巴塞隆納，店內供應以傳統糖藝術製成、如寶石般閃亮的糖果。迎合日本人口味的高雅甜度，風味極佳。

☎06-6151-1162 MAP附錄P15C2
🏠大阪市北区梅田3-1-3LUCUA2F
🚶JR大阪站中央口即到 🕙10:00～21:00 準同LUCUA osaka(→P64) Ⓟ約600個(收費)

中崎町 ─────── D

ちゅうせんてぬぐい にじゆら なかざきちょうほんてん

注染手ぬぐい にじゆら
中崎町本店

銷售以「注染」技法手工染製而成的手巾。雙面染製的圖樣，每一條各有不同的渲染或暈染效果，更顯迷人魅力。

☎06-7492-1436 MAP附錄P8D1
🏠大阪市北区中崎西4-1-7GREEN CITY1F後方 🚶地下鐵谷町線中崎町站2號出口步行3分 🕙11:00～19:00
🈺無休 Ⓟ無

住吉 ─────── E

ほんこころや

本こころや

鄰近住吉大社的和服店，以注染技法在河內木綿布上染出各種圖案的手巾頗受歡迎，還推出了上方落語和上方歌舞伎圖樣的商品。

☎06-6672-3905 MAP附錄P2B4
🏠大阪市住之江区粉浜2-12-26 🚶南海本線粉浜站步行3分 🕙10:00～19:00 🈺週四 Ⓟ無

在大阪也增加中！
精品咖啡店

近來時有所聞的「精緻生活」，指的究竟是什麼呢？經過這次的採訪之後，
我想講究自己在休息時間喝的那一杯咖啡，或許也是一種答案吧。

COMMENTED BY 中谷晶子 EDITOR

中之島～本町

たかむら わいん あんど こーひー ろーすたーず

TAKAMURA WINE &
COFFEE ROASTERS

由紅酒商行提案的
精品咖啡的實力

由日本國內知名的紅酒商行策劃的咖啡吧，打出
「用像挑紅酒的方式來挑選咖啡」。選用的咖啡豆
以入選咖啡品評會的種類為主，總計約有20種，從
產地新鮮採購。店內咖啡以熟豆或單品方式供應，
讓您輕鬆享受到最頂級的口味與芳香。

☎06-6443-3519 MAP 附錄P11A2
🏠大阪市西區江戶堀2-2-18 🚇地下鐵四橋線肥後橋站8號出口
步行10分 🕐11:00～19:30(咖啡廳19:00LO) 🈑週三(逢假日
則營業) 🈳85 🅿無

1 如倉庫般偌大空間
的一角，化身為咖啡
吧檯 2 咖啡以輕便
的外帶杯供應。S杯
250日圓～ 3 手沖咖
啡350日圓。店內員
工輕晃手沖壺的手勢
技巧，讓人不禁看得
陶醉忘我

HAVE A NICE TIME

  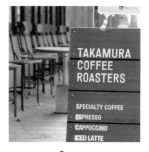

1
1、2樓有咖啡廳座，可以自由選擇座位休憩片刻

2
使用最新型的烘豆機。烘豆師藤山先生曾在烘豆大賽中獲獎

3
在店內的販售區，透過咖啡豆的解說文宣，能感受到店員們的熱情

4
店內還有販售獨家商品「江戶堀特調」等期間限定的特調豆

1 向外延伸到土佐堀川上的河面高架座位區 2 2樓窗戶切割出大片戶外景致，風景如畫 3 特調咖啡（450日圓）可從5種烘焙深淺度當中自行挑選。另有本週單品500日圓 4 藝術創作者所打造的馬克杯，霧面質感別有一番趣味 5 以石獅子像著名的難波橋橋畔

中之島〜本町

もとこーひー

MOTO COFFEE

佇立在橋畔的
小巧咖啡店

由大阪市的藝廊「SHELF」開設的咖啡店。出發點是希望為藝廊擁有的器皿找一個能運用在生活當中的地方。店內主要供應由名古屋「coffee Kajita」所調製的獨家特調等咖啡。讓人想在坐在面河的戶外露天座位區，感受水都的清風徐來。

☎06-4706-3788 附錄P10D1
🏠大阪市中央区北浜2-1-1 北浜 LION BUILDING 🚇地下鐵堺筋線北濱站26號出口即到 🕐12:00〜18:30LO 休不定休 座28 P無

SHOP DATA

1 讓人渾然不覺置身於地下街一角的開闊空間 2 與經過嚴格篩選的莊園契作咖啡豆，並採行獨有的烘焙方式。蒸氣龐克咖啡380日圓

大阪站・梅田

くちゅーむ でぃあもーるおおさかてん

COUTUME DIAMOR大阪店

被譽為「目前巴黎最美味的咖啡」進軍大阪，是能夠喝到話題咖啡機「蒸氣龐克」萃取咖啡的少數店家之一。敬請您務必前來品嘗這杯有別於既有咖啡概念的極致咖啡。

☎06-6348-4630 附錄P14D4
大阪市北区梅田1DIAMOR大阪內 地下鐵御堂筋線梅田站南剪票口步行5分 7:30～22:00
無休 60 無

大阪站・梅田

うにーる はんきゅううめだほんてん10Fすーくてん

Unir 阪急梅田本店10F SOUQ店

雖然是隨興的咖啡吧，但老闆卻親赴莊園考察、選豆，到烘焙、萃取，每一個環節都堅持一貫的高水準品質。在您購物的小憩空檔，別忘了來品嘗這一杯精品。

☎06-6361-1381（代表號） 附錄P14D3
大阪市北区角田町8-7阪急梅田總店10F JR大阪站御堂筋南口步行3分 10:00～20:00（週五、六～21:00） 準同阪急梅田本店（→P123）
僅供外帶 無

1 有咖啡師駐店，可在此站著享用一杯現沖咖啡 2 漂亮的奶泡拉花也信手捻來。卡布其諾450日圓

1 ALL DAY COFFEE（特調）390日圓，當店現炸甜甜圈190日圓～ 2 GRAND FRONT大阪 UMEKITA CELLAR內的人氣櫃位

大阪站・梅田

おーる でい こーひー

ALL DAY COFFEE

混合3種咖啡豆的經典特調，苦、酸、甘三者均衡適度，是讓人可以每天都喝的溫和滋味。店內6種單品也是值得期待的好味道。

☎06-6359-2090 附錄P15C2
大阪市北区大深町4-1GRAND FRONT大阪・UMEKITA廣場B1 JR大阪站中央北口即到
10:00～22:00 準同GRAND FRONT大阪（→P64） 12 330輛（收費）

來試試虜獲大阪女孩芳心的
當紅甜點

美式鬆餅、可麗餅、杯子蛋糕、POPOVER等，話題甜點都在大阪大集合！
來到高水準名店齊聚的大阪，快趁著這個機會試試有興趣的甜點吧！

COMMENTED BY 中谷晶子 EDITOR

大阪站‧梅田

ゆきのした うめだほんてん

雪ノ下 梅田本店

在私房店家品味
獨一無二的美式鬆餅

在梅田‧堂山的狹窄小巷深處，宛如私房店的空間裡，供應著美式鬆餅。從粉漿到奶油和水，全都只選用來自日本各地、真正優質的食材。以長時間低溫慢烤，呈現出甜度溫和、蓬厚濕潤的鬆餅，正餐點心兩相宜。

☎050-7550-4023 MAP附錄P14E2
🏠大阪市北区堂山町5-14 🚇地下鐵御堂筋線梅田站南剪票口步行8分 🕚11:00～20:50(週日、假日為～17:30) 休週一 席6 P無
※官網mail格式的完全預約制

SHOP DATA

1 發酵奶油搭配橘子蜂蜜品嘗的鬆餅700日圓。簡單樸實、蛋香溫和的美味 2 座位區在2、3樓，每層樓都是僅有1坪左右的小巧空間，拜訪前請務必預約 3 往阪急東通商店街的岔路裡面走。小心別迷路了！ 4 鬆餅搭配當季商品共有5～7種。法國土司和刨冰也是明星商品

えっぐすん しんぐす しんさいばしてん

Eggs 'n Things 心齋橋店

源自夏威夷、讓美式鬆餅文化在
日本紮根的人氣名店。您能在洋
溢著度假氛圍的裝潢下，享用擠
上滿滿鮮奶油的美式鬆餅。最想
先吃店家自豪的水果類品項。

☎06-6214-6214　[MAP]附錄P17C3
🏠大阪市中央区西心斎橋2-10-2
🚻地下鐵御堂筋線心齋橋站7號出
口步行3分
🕘9:00～21:00LO
🈺不定休　[席]108　🅿無

1 草莓鮮奶油搭配夏威夷豆的美式
鬆餅，1150日圓 2 現在還開始供
應女孩聚會用的party菜單

ぐらむ しんさいばしほんてん

gram 心齋橋本店

招牌餐點頂級鬆餅950日圓，每
日3次（11:00、15:00、18:00）
各限量供應20份，堪稱是貨真
價實的頂級商品。驚人的厚度，
加入大量蛋白霜的鬆餅，吃起來
鬆鬆軟軟，讓人感受到滿滿的幸
福。

☎06-6241-7716　[MAP]附錄P16D3
🏠大阪市中央区心斎橋筋1-5-24
🚻地下鐵御堂筋線心齋橋站6號出
口即到
🕘11:00～22:00
🈺不定休　[席]100　🅿無

1 Q彈口感搭配大量鮮奶油，最對
味 2 法國土司和當季限定餐點也
要check

ばたー・ちゃやまち

Butter茶屋町

美式鬆餅專賣店，逢假日要做好
排隊的心理準備！店內自豪的頂
級美式鬆餅，使用高級發酵奶油
製作出鬆軟的餅皮。此外，運用
高超技術結合美式鬆餅、法國土
司、派皮的混合式甜點，只有在
這裡才吃得到。

☎06-6374-1166　[MAP]附錄P14D1
🏠大阪市北区茶屋町4-4茶屋町
Garden大樓2F　🚻阪急梅田站茶
屋町口即到　🕘10:00～22:30
LO(週日、假日～21:30LO)　🈺無
休　[席]95　🅿無

1 將鬆餅做成法國土司模樣，外層
裹上派皮烤出的ULTRA HYBRID
PANCAKE1344日圓 2 色彩繽紛的
空間

新世界～阿倍野

くれーぷりーすたんどしゃんでれーるてんのうじ

Creperie Stand Chandeleur天王寺

於2015年秋季在天王寺公園入口廣場「TEN-SHIBA」（→P130）開幕，店內可品嘗到使用法國產小麥及大量奶油所製成的純正法國甜鹹可麗餅。外帶餐點也相當豐富，歡迎帶份餐點陪您到公園散步。

☎06-4305-0007 ⓂⒶⓅ附錄P20E2
🏠大阪市天王寺区茶臼山町5-55天王寺公園入口地區「TEN-SHIBA」內 🚉JR天王寺站北口步行2分
🕐10:00～22:00LO（週六日、假日8:00～）休無休 席約50
Ⓟ天王寺公園有地下停車場（收費）

1 外帶可麗餅380日圓～，有10種以上 2 可麗餅搭配飲料的套餐940日圓～。圖為SUCRE ROYALE 3 店內的天花板很高，空間開闊 4 另設有面對TEN-SHIBA的戶外露天座位區

1 冰淇淋堡有水果、焦糖、摩卡等3種口味各980日圓（平日15:00～供應） 2 附設於DIESEL大阪旗艦店內 3 原創隨行杯也很受歡迎，每個1600日圓

心齋橋

ぐろりあす ちぇーん かふぇしんさいばし

Glorious Chain Café心齋橋

由生活方式品牌DIESEL推出的國際性餐館。在豐富多元的流行餐點當中，備受矚目的是甜點堡。在布里歐式的麵包當中夾入冰淇淋和糖煮水果，是一款份量十足的甜點。

☎06-6258-5344 ⓂⒶⓅ附錄P16D1
🏠大阪市中央区南船場3-12-9 🚉地下鐵御堂筋線心齋橋站2號出口即到
🕐11:00～23:00LO 休不定休 席52 Ⓟ無

たぶるす こーひー べーかりー あんど だいなー

TABLES Coffee
Bakery & Diner

可提供婚宴場地服務的時尚餐館
式咖啡廳。除了有正餐類的餐
點，即將引爆流行、或正在流行
的甜點，也廣受喜愛。美味的奶
油起司鬆餅1026日圓～等之
外，可愛的杯子蛋糕也很適合當
伴手禮。

☎06-6578-1022 MAP附錄P13A2
🏠大阪市西區南堀江2-9-10 🚉地
下鐵千日前線櫻川站2・5號出口步
行5分 🕐11:00～23:00LO（鬆餅
14:00～）🈺不定休
🈳60 🅿無

───

1 外觀可愛的小杯子蛋糕250日
圓～。除了有常銷的12款，另備
有當季款 2 位於南堀江公園前。
酒類也豐富

さんどういっちふぁくとりー

SANDWICH FACTORY

該店的明星商品是在酥的菠蘿皮
麵包當中，加入鮮奶油和水果所
組成的菠蘿三明治。除了有草莓
與藍莓的菠蘿甜心三明治970日
圓之外，還有多達140種三明
治，品項豐富令人目不暇給。

☎06-6445-6262 MAP附錄P11B2
🏠大阪市西京京町堀1-13-2 🚉地
下鐵四橋線肥後橋站7號出口步行
5分
🕐11:00～17:00、18:30～21:30
LO 🈺週二 🈳52 🅿無

───

1 裝飾疊得又高又滿的菠蘿甜心三
明治，可愛模樣讓人忍不住看得著
迷 2 設有戶外露天座位區，店內
空間開闊

むう むう だいなー ふぁいん はわいあん きゅいじーぬ

Muu Muu Diner
Fine Hawaiian Cuisine

源自美國，在宛如泡芙的麵包當
中塞入配料的POPOVER為其話
題商品。店內除了有正餐類的餐
點之外，自2015年起又加入了
甜點類品項。夏威夷式的大份量
餐點，要有2～3人一起分享才
是正確吃法。

☎06-6485-7160 MAP附錄P14D1
🏠大阪市北区茶屋町8-26NU cha
yamachi Plus 3F 🚉阪急梅田站
茶屋町口步行3分 🕐11:00～22:
00LO 🈺準同NU chayamachi
（→P123）🈳58 🅿無

───

1 在冰淇淋上擺滿了6種水果和鮮
奶油的popover island，1728日圓
2 店內充滿著度假氛圍

GOURMET GUIDE

享用代表大阪甜點界的
名店特製蛋糕

要不要試試蛋糕迷心目中的超級經典、知名甜點大師垂涎想望的夢幻逸品？
長年來備受愛戴的著名點聖品，陪伴您渡過優雅的午茶時光。

COMMENTED BY 堀埜浩二 EDITOR

中之島～本町

ごかん きたはまほんかん
五感 北浜本館

在復古的銀行建築裡品嘗「日本西點」

該店供應堅持選用國產及當令素材的「日本西點」。成為品牌創立原點的知名作品.—米製純生捲當中，選用了新潟胎內產的越光米粉。蓬鬆Q彈的蛋糕基底、與北海道產的鮮奶油、日本國產黑大豆，合奏出口味豐富的協調。

☎06-4706-5160 📖附錄P10D1 🏠大阪市中央区今橋2-1-1新井ビル1、2F 🚇地下鐵 堺筋線 北浜 站2號出口即到 🕐9:30～20:00（週日、假日～19:00）⏸不定休 🪑50 🅿無

SHOP DATA

1 米製純生捲324日圓。同時點用飲料即附贈自製冰淇淋 2 讓大正11年（1922）建造的銀行建築老屋重生。1樓是銷售區、2樓則是甜點沙龍 3 在雅致的空間裡渡過咖啡時光

2016年2月，該店在附近又新開設巧克力專門店「Cacaotier Gokan 高麗本店（📖附錄P10D2），也附設沙龍喔！

1 位在與車站直通的百貨公司內，交通便捷 2 起司蛋糕5種組合1080日圓（飲料套餐1566日圓～），內容每日更換

（ 新世界～阿倍野 ）

ふぉるまてづかやまきんてつあべのはるかすてん

FORMA TEZUKAYAMA 近鐵阿倍野HARUKAS店

總店位在大阪帝塚山的起司甜點專賣店。店內包括當季商品在內，隨時備有約10種起司蛋糕。各種口味皆可淺嘗的蛋糕組合，人氣極高。

☎06-6625-2386 MAP附錄P20E3
🏠大阪市阿倍野區阿倍野筋1-1-43近鐵百貨海闊天空總店賣館5F 🚃近鐵大阪阿部野橋站連通
🕐10:00～19:30LO 🪑38 🅿準同阿倍野HARUKAS近鐵本店（→P129）

（ 上本町 ）

なかたにてい ほんてん

なかたに亭 本店

長期引領大阪甜點界的名店，其中尤以運用巧克力製成的蛋糕及甜點最為廣受好評。經典品項CARAIBE，選用加勒比海群島上所產的巧克力，濃郁香醇，是成熟的大人滋味。

☎06-6773-5240 MAP附錄P6E2
🏠大阪市天王寺區上本町6-6-27 🚃近鐵大阪上本町站步行3分 🕐10:00～19:00 🪑週一、第3週二
🪑28 🅿無

1 紮實的巧克力蛋糕體，搭配柔滑巧克力慕斯的雙層組合，CARAIBE 540日圓 2 隨處布置著藝術品的時尚店面

（ 大阪城周邊 ）

ぷろーどはーすと

BROADHURST'S

由英國師傅BROAD HURST，以獨到方式呈現英國甜點的美味。以芒果芭露亞包裹巧克力布蕾，並畫上笑臉的「マンボ」蛋糕等，充滿驚奇與玩心的商品，琳瑯滿目。

☎06-6762-0009 MAP附錄P6F1
🏠大阪市中央區玉造2-11-14 🚃JR大阪環狀線玉造站步行6分 🕐10:00～19:00 🪑週一（逢假日則翌日）🪑15 🅿無

1 獨特而富創造性的口味 2 彷彿入口即化的芭芭露亞，搭配作為基底的馬德蓮，做出口感均衡絕妙的マンボ，490日圓

GOURMET GUIDE

心情舒緩療癒
純喫茶的懷舊甜點

在蕩漾著老店風格的純喫茶裡，喝杯店家自豪的咖啡，再配上一盤小點。
長年來持續受到愛戴的滋味，讓人即使第一次吃到，也會油然升起莫名鄉愁。

COMMENTED BY 堀埜浩二 EDITOR

(中之島〜本町)

ぜーろく
ゼー六

創業一百多年的小巧純喫茶老店，一直屹立在商業區裡，受到顧客的喜愛。香氣濃郁的自家烘焙咖啡250日圓，人氣之高自是不在話下，而明星商品冰淇淋180日圓和冰淇淋最中餅2個200日圓，以清爽的古早味而大受歡迎。冰淇淋最中餅可以外帶。

☎06-6261-2606 MAP 附錄P10E3
🏠大阪市中央区本町1-3-22 🚇地下鐵堺筋線堺本町站步行3分 🕐9:00～18:00(週六～15:00) 🈺週日、假日、每月第2、4、5週六 🪑14 Ｐ無

1 溫度管理恰到好處的冰淇淋，輕柔化在口中的感覺讓人喜愛 2 自大正2年（1913）創業以來就在此地營業 3 冰淇淋最中餅外帶1個100日圓（常溫下40～50分以內）

(中之島〜本町)

ひらおかこーひーてん
平岡珈琲店

以重口味的自家烘焙咖啡做出的獨家特調，380日圓。若要品嘗出這款咖啡的層次，老闆自製的甜甜圈（150日圓）是最佳良伴。透過甜甜圈的溫和甜味，更能感受到在咖啡的苦味之後，回甘所呈現的溫潤醇厚。

☎06-6231-6020 MAP 附錄P11C2
🏠大阪市中央区瓦町3-6-11 🚇地下鐵御堂筋線本町站1號出口即到 🕐7:30～18:00(週六～14:00) 🈺週日、假日 🪑21 Ｐ無

1 咖啡和甜甜圈都是長久不變老味道 2 以棉布仔細滴漏而成，美味與香氣滴滴不漏 3 以吧檯座為主，木作質感、別具風格的店面。紅色的椅面也引人懷念

（ 道頓堀・難波 ）

あらびやこーひー
ARABIYA COFFEE

創立於昭和26年（1951），在以重焙咖啡為主流的大阪日式咖啡廳業界當中，以溫潤滋味與競爭者一較高下。溫和的口味與香氣，長年來一直吸引著許多忠實顧客上門。以鐵板細細烤過的法國土司580日圓，也是該店的明星商品。

☎06-6211-8048　MAP 附錄P18D1
🏠大阪市中央区難波1-6-7　🚇地下鐵御堂筋線難波站14號出口步行5分　🕙10:00～19:00　休週三不定休　座50　P無

1 深受溫和口味愛好者支持的名店 2 位在法善寺橫丁附近，不少演員等業界人士也是座上常客 3 法國土司可搭配糖粉或楓糖漿。特調咖啡每杯500日圓 4 有著歷史感受的店內

（ 道頓堀・難波 ）

まるふくこーひーてんせんにちまえほんてん
丸福珈琲店千日前本店

獨特的濃郁咖啡，自昭和9年（1934）起即以「難波咖啡」之姿持續深受愛戴迄今，是老字號中的老字號。被譽為極致深焙的咖啡豆，放入獨家萃取器滴漏而成的咖啡，每杯560日圓。另有各種套餐組合。由於地緣關係，很多演員和諧星都是忠實顧客。

☎06-6211-3474　MAP 附錄P18E1
🏠大阪市中央区千日前1-9-1　🚇地下鐵御堂筋線難波站15-A出口步行5分　🕗8:00～23:00　休無休　座150　P無

1

1 一刀劃下，便感受到外層酥脆、內層鬆軟的鬆餅600日圓～ 2 聽著豆子的聲音，細細滴漏 3 隨處可見骨董陶器或器具 4 裝潢風格也很沉穩

GOURMET GUIDE

在可愛的懷舊咖啡廳裡
喝杯優雅的下午茶

「北浜レトロ」這家咖啡廳，是關西最具代表性的懷舊建築咖啡廳。
屋齡已逾百年的空間，宛如英國貴族的宅邸。優雅的午後時光，正在此等待著您。

COMMENTED BY 中谷晶子 EDITOR

中之島～本町

きたはまれとろ
北浜レトロKitahama Retro

**超越時間、超越空間
前往「Very English！」的午茶時光**

將佇立在土佐堀川畔的紅磚洋樓，以純英式茶館沙龍的風貌再生。顧客可以在店家從英國直接進口的古董家具和餐具環繞下，品味茶飲或用餐。盛裝在3層點心盤上的傳統下午茶套餐，宛如飄散著英國貴族優雅日常的香氣。

☎06-6223-5858 MAP 附錄P10D1
🏠大阪市中央区北浜1-1-26 🚇地下鐵堺筋線北浜站26號出口即到
🕐11:00～21:00LO（週六日、假日～18:30LO）休無休 🪑40 🅿無

SHOP DATA

1 下午茶套餐2250日圓，含蛋糕、2種司康、小三明治，附飲料 2 白色的牆面上有著藍色窗框，是個洗練脫俗的沙龍空間 3 建於明治45年（1912），為日本的國家登錄有形文化財

HAVE A NICE TIME

1
紅茶單點800日圓，以該店直接進口的飯店用銀水壺沖泡提供

2
窗外是土佐堀川，中之島玫瑰園就在眼前，花季時氛圍更佳

3
鬆軟的歐姆蛋三明治也是明星菜單。單點1050日圓、套餐1700日圓

4
1樓販售茶葉等商品。3種獨家特調茶各800日圓

萬博紀念公園裡，太陽之塔的兩張「臉」。背面還有另一張臉（→P101）

誕生 新的娛樂城
逛逛EXPOCITY

2015年11月，在萬博紀念公園旁出現了一個讓人滿懷期待的新商場。
這裡結合了體驗式娛樂和大型購物中心，要讓您玩上一整天。

COMMENTED BY 中谷晶子 EDITOR

(吹田)

えきすぱしてい

EXPOCITY

大型複合商場
有學有玩還購物！

由8座大型娛樂場館和LaLaport EXPOCITY，組
成日本最大規模的大型複合商場。商場內有充
滿感性樂趣的「NIFREL」（→P12）、利用張
力十足的影片重現大自然的電影院等等，寓教
於樂的體驗型育樂設施豐富多樣，讓大人小孩
都飛進未知的世界裡。2016年春季全日本最高
的摩天輪誕生！

是這樣
的地方

☎06-6170-5590
（代表號/10:00～18:00）
MAP 附錄P2C1
🏠吹田市千里万博公園2-1
🚋大阪單軌電車萬博紀念
公園站步行約2分 ⓋⓁ休
依各場館、櫃位不同 Ⓟ
約4100輛（收費，有購物
和參觀場館的優惠）

1 在萬博紀念公園東南方綿延的一個
廣大「城鎮」2 全日本最高的摩天
輪預計自2016年春季開始營運 3
「LaLaport EXPOCITY」裡有好多
讓人想要一探究竟的櫃位 4 入口處
還有個絕佳的拍照景點 5 餐廳美食
街「EXPO KITCHEN」當中有18家
店 6 在NIFREL裡，能伸手可及的
近距離觀賞各種生物 7 不只有魚，
還有多種陸地上的生物 8 能夠看到
生物們各自隨興而為的生態，非常有
趣

宛如從宇宙瞭望地球似的藝術空間
「WONDER MOMENTS」

MAP Ⓐ

にふれる
NIFREL

以「接觸感性」為概念、在7個專區當中展示水陸生物及自然魅力的「活著的博物館」。您可在此觀察生物的顏色或樣貌，或是進入生物們生活的場域等，以全新型態體驗與生物的互動。

→參閱P13

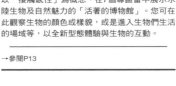

2016春季
開始營運

還備有豪華內裝的
VIP車廂

MAP Ⓒ

おおさか ほいーる
OSAKA WHEEL

高度逾120公尺，號稱全日本最高的摩天輪。坐在全方位透明車廂當中，大阪街景一覽無遺，和聳立在眼前的萬博紀念公園太陽之塔形成雙壁，也是區域內的兩大地標。另附設有商店與餐廳。

☎Ⓥ℣未定 ㉁不定休(商店&餐廳試營運中，℗10:00〜23:00)

おーびぃおおさか
Orbi大阪

MAP Ⓑ

以日本最大規模的螢幕，和超立體的音效、氣味與風等的演繹，重現大自然的各種景象。您可在BBC Earth原創的故事當中，體驗到猶如置身於壯麗自然中的臨場感。

☎06-6155-7299(代表號)
Ⓥ大人1日券2160日圓 ℗10:00〜21:00
(館內商店〜21:30，餐廳〜23:00LO)
㉁準同EXPOCITY

Ⓐ NIFREL
OSAKA WHEEL Ⓒ
ANIPO
精靈寶可夢EXPO道館
109影城
LaLaport
EXPOCITY Ⓓ
OSAKA ENGLISH
VILLAGE
Ⓑ Orbi大阪
ENTERTAINMENT FIELD

EXPOCITY

寬40公尺×高8公尺，是日本最大規模的螢幕

MAP Ⓓ

ららぽーとえきすぽしてぃ
LaLaport EXPOCITY

集結了總共305家品牌與餐廳，其中還包括首度進軍關西的48個品牌。其中還有許多可以同享體驗與購物樂趣的櫃位，例如可以體驗手作不二家「COUNTRY MA'AM」的「COUNTRYMA'AM FACTORY」等。大阪美食也包羅萬象喔！

℗10:00〜21:00(餐廳美食街11:00〜22:00)，部分櫃位營業時間略有不同 ㉁不定休

以挑高3層樓的「光之廣場」為中心，兩側櫃位商店鱗次櫛比

那座太陽之塔也近在眼前！

吹田

ばんぱくきねんこうえん
萬博紀念公園

運用昭和45年（1970）大阪萬國博覽會的基地，所打造而成的一座公園。除了有展示萬國博覽會相關記錄的「EXPO'70 Pavilion」之外，還有日本庭園及博物館等值得一遊的勝景。大阪萬博的象徵——太陽之塔，也威風八面地聳立在綠意盎然的自然文化園裡。

藝術家岡本太郎的代表作「太陽之塔」，至今仍有很多愛好者

☎06-6877-7387 MAP 附錄P2C1
🏠吹田市千里萬博公園 🚃大阪單軌列車萬博紀念公園站即到 Ⓥ入場券250日圓(自然文化園、日本庭園共用)，部分設施需另行購買入場券 ℗9:30〜17:00(入園〜16:30) ㉁週三(逢假日則翌日，4/1〜黃金週、10/1〜11/30無休) ℗4300輛(收費)

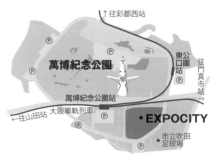

↑往彩都西站
往山田站→
大阪單軌列車
萬博紀念公園
東口站
往門真市站→
萬博紀念公園站
·EXPOCITY
市立吹田足球場

話題不絕的超人氣樂園！
日本環球影城

問到大阪觀光旅遊絕不容錯過的景點，首先當然就要提到這座超人氣主題樂園了。
這裡有著最極致的歡樂，能讓您擺脫日常、盡情瘋狂玩樂喔！

COMMENTED BY 中谷晶子 WRITER

連細微處都精緻重現的「哈利波特魔法世界」

可愛的卡通人物也出場迎賓

全家人可以帶著小朋友一起來盡情暢遊的環球奇境

ゆにばーさる・すたじお・じゃぱん
日本環球影城

2014年新區域哈利波特魔法世界誕生，2016年春季則有歡慶開幕15週年的新設施登場等等，是個充滿話題的主題樂園。在各區域內完整重現電影場景和美國街景，且讓我們化身為劇中人物，盡情玩樂吧！

☎0570-20-0606(服務中心)
MAP 附錄P23A1～C2
🏠大阪市此花区桜島2-1-33 🚃搭乘電車:JR 夢咲線Universal City站步行3分／自行開車:阪神高速5號灣岸線Universal City出口即到 休依日期、時間略有不同 休無休 P 約3600個(一般小客車1天2200日圓～)

影城入場券價目表

	大人(12歲以上／國中生以上)	兒童(4～11歲／幼兒・小學生)	長者(65歲以上)
1天影城入場券(1日券)	7400日圓	4980日圓	6650日圓
2天影城入場券(2日券)	12450日圓	8420日圓	—

※年滿12歲仍就讀小學者，依兒童票計費。　※2天影城入場券適用連續2天入場　※全年影城入場券自第1次入場日起1年內，可不限次數入園(環球年票設有部分不適用日期)※除全年影城入場券外，其他入場券皆不可重複入場。

—— 何謂影城入場券（STUDIO PASS） …

影城入場券為環球影城入場＋當日可使用園內所有遊樂設施的票券。票券在影城售票處、官方網站，以及JR主要車站的綠色窗口等地點皆有販售。

※本書所載內容為2016年1月時之資訊。※部分遊樂設施因安全限制，未達規定身高者及懷孕者無法乘坐。
※票券售價及內容可能於未事先告知情況下更動。

THIS IS
日本環球影城

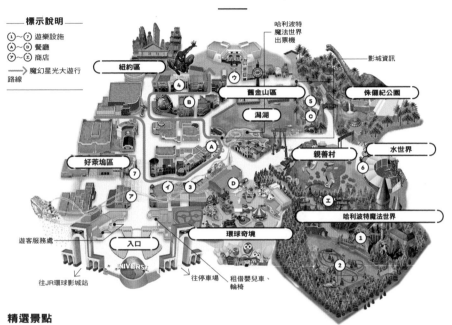

標示說明
① ~ ⑦ 遊樂設施
Ⓐ ~ Ⓓ 餐廳
⑦ ~ ㊣ 商店
→ 魔幻星光大遊行路線

紐約區
舊金山區
哈利波特魔法世界出票機
影城資訊
侏儸紀公園
潟湖
親善村
水世界
好萊塢區
哈利波特魔法世界
遊客服務處
環球奇境
入口
往JR環球影城站
往停車場
租借嬰兒車、輪椅

精選景點

遊樂設施（→P104）
① 哈利波特禁忌之旅
② 鷹馬的飛行
③ 好萊塢美夢·乘車遊
③ 好萊塢美夢·乘車遊～逆轉世界～
④ 蜘蛛俠驚魂歷險記·乘車遊 4K3D
⑤ 侏儸紀公園·乘船遊
⑥ 水世界
⑦ 芝麻街4-D電影魔術
⑦ 史瑞克4-D歷險記

餐廳
Ⓐ 梅兒茲餐廳
　（漢堡）
Ⓑ 芬尼根酒吧＆燒烤
　（西餐）
Ⓒ 新發現餐廳
　（肉類餐點）
Ⓓ 史努比快餐
　（漢堡）

商店
⑦ 環球影城禮品屋
　（糕點糖果、記念品）
④ 加州糖果餅乾店
　（糕點糖果）
④ 小小兵廣場
　（小小兵商品）
㊣ 蜂蜜公爵
　（魔法世界的糖果）

2016年，日本環球影城15週年！

在2016年3月迎接開幕15週年的日本環球影城，「玩很大」的各式娛樂活動將接力登場。首先是在侏儸紀公園裡，有趴著玩的最新款雲霄飛車「飛天翼龍」終於隆重登場。此外還有各式各樣「玩過頭」的內容，要讓整個日本都返老還童！

被暴走的無齒翼龍抓住背部，飛向天空。用全身體驗緊張刺激，超級無敵暢快！

MUST GO！遊樂

哈利波特魔法世界 ——————————— MAP P103 ①

哈利波特
禁忌之旅

與騎著掃帚的哈利，一起飛向霍格華茲城堡的上空吧！讓您馳騁在魁地奇的競技場等眾多電影場景，是引發熱烈討論的一座遊樂設施。透過最新穎的4K×3D影像和燈光效果，您可以親身體驗到魔法世界的驚悚飛行。※身高限制122公分以上

完整重現整座霍格華茲魔法學校。從等待時間起就能浸淫在故事的世界當中

會與影像同步劇烈搖晃

上半身是大老鷹、下半身是馬，魔法生物「鷹馬」的雲霄飛車

哈利波特魔法世界 ——————— MAP P103 ②

鷹馬的飛行

以仿照魔法生物——鷹馬打造而成的乘坐型設施，來挑戰飛行訓練！穿過哈利的朋友——獵場看守人海格的小屋和南瓜田，飛向天空去。速度不快的雲霄飛車，讓您可以一邊眺望霍格華茲和活米村，一邊盡情享受搭乘樂趣。※身高限制122公分以上（有人陪同乘坐時則限身高92公分以上者搭乘）

還看得到海格的小屋

好萊塢區 ——————— MAP P103 ③

好萊塢美夢‧乘車遊
好萊塢美夢‧乘車遊～逆轉世界～

一邊聆聽著喜歡的音樂，一邊滑行的雲霄飛車。跑完整趟讓人可以親身感受加重力與反重力的行程之後，竟然會有種奇妙的飄浮感受！倒退行駛的「好萊塢美夢‧乘車遊～逆轉世界～」也很受歡迎。※身高限制132公分以上

同樣行程改以倒退行駛，緊張刺激的程度加倍！？

馳騁過好萊塢大街上空。簡直就像在騰雲駕霧！

設施CATALOG

以高科技術打造出的震撼畫面，直逼眼前！

侏儸紀公園　MAP P103 ⑤

侏儸紀公園・乘船遊

您參加了參觀恐龍們棲息的叢林「侏儸紀公園」的行程，但小船卻走錯了路，駛進危險區域，陷入窮途末路的危機！面對肉食性恐龍的攻擊、九死一生的高處落水，您能逃過這接連來襲的危機嗎！？※身高限制122公分以上（有人陪同乘坐時則限身高107公分以上者搭乘）

張開血盆大口的霸王龍來襲!

操控著蜘蛛人電影中熟悉的蜘蛛絲，敏捷的閃避敵人的攻擊

紐約區　MAP P103 ④

蜘蛛俠驚魂歷險記・乘車遊4K3D

巧妙連結虛擬與實境的人氣遊樂設施。蜘蛛人的出現、結合更有張力的4K3D影像急衝、急轉的車身、敵人發射出貨真價實的火燄和水花攻擊……無法預測的劇情發展，讓您從頭到尾都提心吊膽！※身高限制122公分以上（有人陪同乘坐時則限身高102公分以上者搭乘）

高度約26公尺，讓您絕對全身濕透的高處落水

水上摩托車的高水準特技也不容錯過

水世界　MAP P103 ⑥

水世界

在重現電影場景的世界當中，運用特殊技術和世界最高水準的特技，上演約20分鐘的水上表演秀。場景是在地表被水淹沒後的未來，英雄與壞人為了爭奪珍貴的土地，而展開激烈的廝殺。別忘了還要參加表演秀開始之前的叫陣喔！

巨大的水上飛機大爆炸，朝著觀眾席衝過來了!?

好萊塢區　MAP P103 ⑦

芝麻街4-D電影魔術
史瑞克4-D歷險記

分別為描述芝麻街影展和史瑞克冒險故事的新型態表演秀，表演時間各為25分鐘左右。配合影像內容，觀眾的椅子會擺動、有水花飛濺出來，甚至還會散發出香味……兩場可以透過五官來感受的表演秀，分別於不同時段輪流上映。

史瑞克踏上了追尋費歐娜公主的旅程

芝麻街夥伴們的奇趣影展

※本書所載內容為2016年1月時之資訊。
※部分遊樂設施因安全限制，未滿規定身高者及懷孕者無法乘坐。

舉世無雙的地方　part1

超炫的燈光＆巨型招牌
原色橫流的名城「道頓堀」

巨型招牌直逼頭頂而來，五顏六色的燈光刺痛雙眼⋯⋯
這個顯然資訊過剩的街頭，不正是最能讓人感受到「大阪味」的地方嗎？

COMMENTED BY　中谷晶子　EDITOR

道頓堀・難波

是這樣的地方

どうとんぼり

道頓堀

自古即因演藝、飲食而繁榮
吃倒商店街的熱鬧喧騰

流過大阪南部心臟地帶的道頓堀川沿岸，是大阪首屈一指的美食重鎮。章魚燒、大阪燒、拉麵等，店家競相拚場搶客。甚至為了要比隔壁店家稍微更搶眼一點、為了要更引人發噱、然後搶下更多客人──這些過多的生意頭腦，想出了讓招牌變巨大、變立體、變會動、變會亮的花招。過於花枝招展的的原色景致，洋溢著大阪式的幽默趣味。

MAP 附錄P16D4～E4
🏠大阪市中央区道頓堀1 🚃地下鐵御堂筋線難波站出站步行即到

1 面對河川的兩岸成了人行步道。您所熟知的道頓堀固力果霓虹招牌（ MAP 附錄P16D4）最顯得耀眼璀璨 2 道頓堀川上所設置的橋樑之一──戎橋（えびすばし），是拍攝固力果霓虹招牌的最佳取景位置

PICK UP

TOO COLORFUL!

©cui-daore

©cui-daore

❶ 章魚燒的聖地。拿石頭隨便一丟都會砸中章魚燒店？（※不能真的丟）

❷ 在戎橋正下方的道頓堀水岸步道上，有著設計雅致的燈光

❸ 在昭和初期的歌謠『道頓堀進行曲』中，也曾唱到映在河面上的「紅燈火、藍燈火」

❹ 中座食倒大樓的吉祥物食倒太郎先生，是個堂堂男子漢

❺ 從道頓堀店街盆出去通往法善寺橫丁的小巷浮世小路，也可以去瞧瞧

107

在「招牌名店」吃招牌菜
道頓堀吃倒地圖

飽覽過極富色彩的風景之後,接下來就殺去瞧瞧美食之都的實力吧!
從小吃點心到大餐鍋物,知名美食集聚,每家店都是名不虛傳的好味道。

COMMENTED BY 堀埜浩二 EDITOR

かにどうらく どうとんぼりほんてん ─── (A)
かに道楽 道頓堀本店

道頓堀商店街入口處那個最醒目的立體大螃蟹招牌,就是它的正字標記。該店透過獨家管道,隨時都能採購到新鮮螃蟹,並以實惠的價格供應。該店自豪的最愛螃蟹全餐,每份6156日圓~。

☎06-6211-8975
MAP 附錄P16D4
🏠大阪市中央區道頓堀1-6-18
🚶地下鐵御堂筋線難波站14號出口步行3分 🕚11:00~22:00
LO 休無休 🈵322 Ⓟ無

1 正因為是道頓堀極具代表性的人氣名店,到了冬天更是一定要先訂位 2 最愛螃蟹全餐以火鍋為主,還可以品嘗到螃蟹涼拌小菜、生螃蟹、蟹味粥

戎橋

↑往心齋橋方向

御堂筋

↓往難波方向

●大阪松竹座

Ⓐ かに道楽 道頓堀本店

©cui-daore

一定要和吃倒太郎合拍張紀念照。在他的兩側有土特產品店,可買到以太郎等巨型招牌為主題元素的周邊商品

1 巨型煎餃招牌,尺寸約相當於1100人份!? 2 煎餃1人份6顆,240日圓(外帶為5顆200日圓)。選用了味道去除80%的大蒜

おおさかおうしょうどうとんぼりほんてん ─── (B)
大阪王将道頓堀本店

無庸置疑,明星商品就是元祖煎餃。大尺寸和飽滿的肉汁,吸引了很多忠實顧客。以實力派中餐館的角度而言,這裡也幾乎網羅了所有經典菜色。想找中餐館時,可千萬別忘了它。

☎06-6213-0400
MAP 附錄P16D4
🏠大阪市中央區道頓堀1-6-13 🚶地下鐵御堂筋線難波站14號出口步行4分 🕚11:00~翌4:00LO
休無休 🈵189 Ⓟ無

なかざくいだおれびる ─── (C)
中座食倒大樓

有著屹立不搖的道頓堀明星「吃倒太郎」迎接顧客上門的複合型大樓。若想在極短時間內快速嘗遍大阪精華,那這棟結合搞笑現場表演、餐廳、大阪土產等的大樓,是您最強大的選擇。

☎06-6538-1451
MAP 附錄P16D4
🏠大阪市中央區道頓堀1-7-21 🚶地下鐵御堂筋線難波站14號出口步行5分 休因店而異
休無休 Ⓟ無

づぼらや道頓堀店
づぼらやどうとんぼりてん ── Ⓓ

有著傻愣表情討人喜愛的河豚紙燈招牌當作正字標記。明星商品——河豚鍋單點2650日圓～、全餐5400日圓～。午餐供應小火鍋定食（2000日圓），可以輕鬆享用到河豚美味，是推薦菜色。

☎06-6211-0181 ᴍᴀᴘ附錄P16D4 🏠大阪市中央区道頓堀1-6-10 🚇地下鐵御堂筋線難波站14號出口步行5分 🕐11:00～23:00 休無休 ⚑400 🅿無

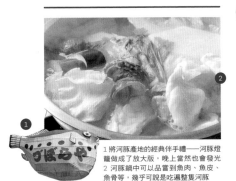

1 將河豚產地的經典伴手禮——河豚燈籠做成了放大版，晚上當然也會發光
2 河豚鍋中可以品嘗到魚肉、魚皮、魚骨等，幾乎可說是吃遍整隻河豚

---

1 店內備有元祖炸串（炸牛肉串）1串129日圓、炸蝦259日圓等，炸串食材多達30種以上 2 以頑固老爹的招牌為正字標記，值得排隊一吃

創業昭和四年
新世界元祖串かつ 達磨道頓堀店
そうぎょうしょうわよねん しんせかいがんそくしかつ だるまどうとんぼりてん ── Ⓔ

總店位在新世界（→P113）的老字號炸串店。細緻的麵包粉、搭配牛油作為炸油，炸得酥香脆口但仍保留食材原味。這家免不了排隊的名店，所幸翻桌率很高，可以放心造訪。

☎06-6213-8101 ᴍᴀᴘ附錄P16E4 🏠大阪市中央区道頓堀1-6-4 🚇地下鐵御堂筋線難波站14號出口步行5分 🕐11:30～22:00LO 休無休 ⚑88 🅿無

Ⓑ 大阪王將道頓堀本店　Ⓓ づぼらや道頓堀店

創業昭和四年
新世界元祖串かつ
達摩道頓堀店 Ⓔ

太左衛門橋

往日本橋方向 →

Ⓒ 中座食倒大樓　　　金龍拉麵道頓堀店 Ⓕ

金龍ラーメン道頓堀店
きんりゅうらーめんどうとんぼりてん ── Ⓕ

位於千日前商店街入口，有著飛龍立體招牌，還24小時營業的，就是這間大家耳熟能詳、隨時都吃得到的拉麵店。混合豬骨和雞骨的秘傳湯頭，喝起來意外地清爽，和Q彈的自製麵條最對味。

☎06-6211-3999 ᴍᴀᴘ附錄P16E4 🏠大阪市中央区道頓堀1-7-26 🚇地下鐵御堂筋線難波站14號出口步行5分 🕐24小時營業 休無休 ⚑36 🅿無

1 拉麵一碗600日圓，韭菜、大蒜、泡菜可以盡情添加 2 即便是深夜時段，人氣店裡仍然熱鬧鬧地擠進了很多酒後的客人，建議可挑選平日上午造訪

CHECK IT OUT
道頓堀也是拉麵的一級戰區！

緊鄰金龍拉麵的，是同樣將總店設在道頓堀的「どうとんぼり神座」。除此之外，還有諸如「四天王」、「薩摩子拉麵」、來自德島的「拉麵東大」、源於博多的「一蘭」等眾多拉麵品牌雲集。當中以金龍為首，許多拉麵店都營業到深夜，是酒後飽饗一刻時不可或缺的良伴。

舉世無雙的地方　part2

通天閣腳下
平民火力大爆發的「新世界」

炸串每串1百日圓上下，平價無座酒館林立，嗆辣的大阪腔在街上穿梭錯雜。
象徵大阪的高塔所矗立的這個地方，有著最飽滿的活力，最適合您前來享受下町況味。

COMMENTED BY 中谷晶子 EDITOR

新世界・阿倍野

是這樣
的地方

しんせかい
新世界

以炸串聖地聞名
濃縮「大阪味」的地方

走在新世界的街頭，不時會有陌生的老伯大叔主動搭
話。「你看你看，那就是通天閣」、「高度可是有100
公尺咧」。不擺架子、毫不客氣、異於常態的親和人
情。彷彿將你所想像的「大阪味」濃縮100倍之後的互
動，今天也在此上演著。「啊！對了，吃過炸串了
沒？」滿臉驕傲的對話，還會一直繼續下去……。

MAP 附錄P21B1～2
🏠 大阪市浪速区惠美須東1～3　🚇地下鐵御堂筋線動物園前站1
號、堺筋線惠美須町站3號出口出站步行即到

1 通天閣南本通是最佳展
望景點，穿梭在新世界街
頭的人力車「俥天力（しゃ
てんりき）」（每人每
10分鐘1000日圓～。
☎080-5716-7089 MAP
附錄P21B2）也在此待命
載客 2 幸運之神BILLIK
EN的神像在通天閣迎接
旅客到來 3 提到下町炸
串的規矩，就想到……？

SO POWERFUL!

1
鄰近惠美須站的新世
界市場。萬國旗顯得
喜氣洋洋
MAP 附錄P21B1

2
鏘鏘橫丁（→P113）
裡總是有著適度的熱
鬧喧囂

3
通天閣（→P113）觀景
台一望無際的景色，
還看得到人氣觀光景
點阿倍野HARUKAS

4
新世界是個盛行圍
棋、將棋的地方。圍
棋會館裡還聚集了很
多觀棋解局的高手

5
還有營業中的電影
院，讓充滿昭和復古
風情的手繪招牌仍能
在第一線大展身手

舉世無雙的地方　part2

規矩是「禁止沾兩次」
在「新世界」的一級戰區裡試試炸串

走三步就聽得到油炸聲！？從老字號到後起新秀，隨興的炸串店在新世界裡密佈。

投身下町規則當中，躍入百圓美食熱騰騰的世界吧！

COMMENTED BY　堀埜浩二　EDITOR

STUDY！沾醬方式

菜要一口氣點好。現炸好的餐點會送到您手邊的不鏽鋼托盤上

OK！

沾醬訣竅是要一串串分開，盡可能炸串橫躺進醬裡

垂直放進醬裡去沾的話，就會⋯⋯

NG！

炸串無法徹底沾滿醬汁！不可以咬過一口之後又沾醬

味道不夠重的時候，要用高麗菜舀一點醬淋到食材上才正確

やえかつ

八重勝

鏘鏘橫丁裡的名店
別怕排隊勇敢去試！

在新世界這個炸串一級戰區當中，會頭一個提起的就是這家名店。食材、粉漿、炸法，全都充滿了「八重勝流」的堅持。薄薄麵衣炸得清爽，口感絕佳，食材的鮮美直接入口。經典常銷商品約有30種，當季品項也值得留意。

☎06-6643-6332
MAP 附錄P21B2
🏠大阪市浪速区恵美須東3-4-13　🚃地下鐵御堂筋線動物園前站1號出口即到　🕙10:30～20:45LO　🈺週四（逢假日請先確認是否營業）🪑45　🅿無

1 馬蹄型的吧檯座圍繞著內場。看看這種臨場感！2 要有排隊的心理準備。翻桌率很高 3 一坐下就會送上沾醬和不鏽鋼托盤等物品 4 炸串（炸牛肉串）每串100日圓，選用的是日本國產牛大腿肉 5 炸蝦450日圓的彈牙口感讓人無法抗拒！6 蓮藕150日圓先蒸後炸，所以口感爽脆鬆軟

そうぎょうしょうわよねん しんせかいがんそくしかつ だるまそうほんてん
創業昭和四年 新世界元祖串かつ 達磨總本店

光是在新世界就有4家店的人氣店。這家總本店規模雖小，但仍保留了本店才有的下町風情。細緻的麵包粉裹出略厚的麵衣，吃來酥脆鬆軟，鎖住了食材的鮮甜美味。

1 也請務必品嘗另一款明星商品——土手燒（378日圓）2 炸串（炸牛肉串）每串113日圓。店員呼喊「元祖」的聲音也顯得特別驕傲 3 炸豬肉串（113日圓）上面加泡菜的吃法也很有意思 4 炸醃漬鵪魚串（227日圓）是新世界限定餐點 5 翻桌的快慘，考驗炸串店的真本事。切莫久坐，只想節奏流暢地享用這一餐

☎06-6645-7056 MAP附錄P21B2
🏠大阪市浪速區惠美須東2-3-9 🚃地下鐵御堂筋線動物園前站1號出口步行5分 🕙11:00～22:30 🛑無休(元旦除外) 🪑12 🅿無

おうみやほんてん
近江屋本店

經典商品炸牛肉串刻意不用麵包粉，改用獨家麵衣炸出西式炸物風的型態。不同食材搭配不同油炸方式，讓顧客能夠品嘗到各種不同口味變化。貼心的小巧份量，再多串也吃得下。

☎06-6641-7412 MAP附錄P21B2
🏠大阪市浪速區惠美須東2-3-18 🚃地下鐵御堂筋線惠美須町站3號出口步行3分 🕙12:00～20:30 🛑週四(逢假日則翌日) 🪑24 🅿無

1 炸串（炸牛肉串）麵衣有著獨特的Q彈口感，每串90日圓 2 炸雞蛋（130日圓）以整個雞蛋沾裹麵包粉油炸 3 清炸章魚（290日圓）的鮮味和Q彈帶勁，堪稱一絕 4 從通天閣步行只要1分鐘，外帶的客人也很多 5 設有桌位，家庭或團體聚餐也很舒適

順道一遊景點
想趁吃炸串的機會去玩玩
充滿下町氛圍的2大觀光景點

つうてんかく
通天閣

通天閣「象徵大阪的高塔」號稱高達103公尺，觀景台設在離地面87.5公尺處，能將天王寺動物園盡收眼底，好不快樂；5樓還有幸運之神BILLIKEN坐鎮，別忘了摸摸祂的腳底祈福喔！

☎06-6641-9555 MAP附錄P21B1
🏠大阪市浪速區惠美須東1-8-16 🚃地下鐵御堂筋線惠美須町站3號出口步行3分 🕙觀景台入場門票700日圓 🕘9:00～21:00（進場為～20:30）🛑無休 🅿無

第一代通天閣誕生於明治45年（1912），後因火災燒毀，於昭和31年（1956）年重建

じゃんじゃんよこちょう
鏘鏘橫丁

炸串店和無座小酒館、圍棋將棋俱樂部林立的一條懷舊商店街。獨特的名稱，由來據說是因為昔日店家為了攬客，會用三味線發出鏘鏘的聲音而得名。

MAP附錄P21B2
🏠大阪市浪速區惠美須東3 🚃地下鐵御堂筋線動物園前站1號出口即到

運用牆面的空間，展示著新世界距今約100年前的照片，敬請務必瀏覽

到難波花月劇場
去看吉本新喜劇

先裝傻、再吐槽，接著又再裝傻……這是大阪式往來互動的經典傑作。
向偉大的經典致敬，就到搞笑的總本山去吧！

COMMENTED BY 中谷晶子 EDITOR

不管看幾次都好笑！吉本新喜劇是大阪搞笑文化的原點

道頓堀·難波

なんばぐらんどかげつ
難波花月劇場

百年前就開始編織笑語
「吉本」的總本山

吉本興業首屈一指的大劇場，全年無休地提供歡笑。從螢光幕上熟面孔的資深老手到崛起的新生代，在平日每天2場、週末假日3～4場的正式演出當中接力登場，以漫才、落語、新喜劇等所有搞笑形式，讓您享受一段捧腹大笑的歡樂時光。固定的搞笑橋段，在現場看的破壞力可是天差地遠。歡迎您縱身躍入爆笑漩渦，莅臨這個「搞笑殿堂」♪

每場公演時間
約2小時30分

☎06-6641-0888
附錄P18E2
大阪市中央区難波千日前11-6 地下鐵御堂筋線難波站3號出口步行5分 正式演出1樓座位4700日圓，2樓座位4200日圓（現場、預售同價。全區對號入座）。晚場演出票價依演出內容而定 正式演出為11:00～、14:30～（週六日、假日為9:45～、12:45～、15:45～、18:45～）※場次偶有更動。晚場演出時間依演出內容而定 無休 無

購票請看這裡…

● WEB：請先上「よしもとID（吉本ID）」https://id.yoshimoto.co.jp/登錄（免費）後，在「チケットよしもと（票券吉本）」購票

● 電話：票券吉本洽詢專線☎0570-550-100（24小時售票服務，專人洽詢服務時間為10：00～19：00）

● 售票端點：各地吉本劇場、チケットぴあ（PIA售票）、便利商店（Circle K Sunkus、7-11等）

● 劇場窗口：演出當天如有座位，會在劇場窗口現場售票

WHAT'S "SHIN-KIGEKI"

正式演出的內容以「吉本新喜劇」為主軸，是由5位座長為核心，每週演出各種不同的劇碼，每次都會有很多令人熟悉的笑料橋段、可親可愛的人情味，還加入些許傻笨趣味。在固定套路的劇情發展當中，蘊涵著大阪人搞笑的原點。

I AM 座長！

小籔千豐
活躍於螢光幕前的他，演藝重心其實是在新喜劇。以不受慣常框架束縛的嶄新表現手法而廣受歡迎

咦咦咦咦咦～!?

內場勝則
在5位座長當中資歷最深。戲路寬廣，從好人到游手好閒的紈絝子弟都能詮釋

不成敬意的東西最有心！

辻本茂雄
扮演前所未見、裝傻裝到底的角色「茂造老伯」最到位

咯～！

川畑泰史
扮演身穿罩衫搭肚圍的「バタやん」，儼然就是昔日岡八郎的翻版!?

何謂新喜劇的座長

左右側照片中這5位就是現任的座長，他們參與每週不同內容的新喜劇製作、導演，當然也會登台演出。每位座長各有各鮮明的個性，因此在座長的帶領之下，更能彰顯劇情等元素的特色。

乳頭鑽頭

すっちー（須知）
2014年起擔任座長，現以大阪歐巴桑角色「須知子」紅透半邊天

【某一天的正式演出節目表】

不論是漫才或落語，段子都比電視上表演更長，還能享受現場演出才會有的突發狀況!?

10:30	10:50	11:00	11:10	11:20	11:30	11:45	11:55	12:05	12:15	12:30	12:40	13:30
開場	暖場	漫才 吉田們	漫才 Diane	漫才 TEEUP	短劇 辻本茂雄SPECIAL	漫才 潮蟲商店	漫才 WYoung	落語 桂文珍	漫才 ALL阪神・巨人	休息10分鐘	【吉本新喜劇】	表演結束

SOUVENIR

在難波花月劇場1樓的「吉本通通」有販售官方周邊商品。

☎06-6643-2202 ⏰10:00～20:00

吉本新喜劇杯緣子
每個540日圓

關西地區的限定商品，總共有5款+隱藏款

吉本諧星OK繃 378日圓

每一片上面都有2組諧星的插圖，共有10款不同圖案

在新生代爭相躍上的龍門前先押寶？!

愛因斯坦

〔道頓堀・難波〕

よしもとまんざいげきじょう
吉本漫才劇場

在難波花月劇場對面的新劇場當中，有諸如「Kakeru翔LIVE」等各式各樣的演出，新生代諧星在演出當中會表演新出爐的段子，而這些未來的巨星可以在此得到被發掘的機會。週六日的「吉本漫才LIVE」還會上演吉本新喜劇喔！

尼神inter

Comandante

☎06-6646-0365 MAP 付錄P18E2
🏠大阪市中央区難波千日前12-7YES・NAMBA大樓5階 🚇地下鐵御堂筋線難波站3號出口步行5分 🎫吉本漫才LIVE票價為預售2000日圓，當天現場購票2500日圓 ⏰週六日12:30～、15:30～，其他節目演出時間視各節目而定 🚫不定休 🅿無

充滿大阪味的熱鬧喧囂引人入勝
逛逛「天神橋筋商店街」

全長約2.6公里，就連「全日本最長」這個盛名，聽來也備覺得意洋洋的平民派商店街。
一邊享受充滿大阪下町風情的氛圍，一邊東嘗西吃，轉眼間就從南到北走過一趟了！

COMMENTED BY 堀埜浩二 EDITOR

てんじんばしすじしょうてんがい
天神橋筋商店街

**在服務本地需求的商店街
享盡美食之都的樂趣**

這條商店街是以大阪天滿宮的參拜道而發跡的，目前南北總長約有2.6公里，600多家店面鱗次櫛比。它與北部的中心區域稍有距離，是一條當地人日常採購用的商店街。實惠美味的餐廳食肆及餐點外帶店也頗多，可以讓您自比為當地人，感受邊走邊吃的樂趣。

MAP 附錄P8F1～F4
大阪市北區天神橋1～7 JR東西線大阪天滿宮站、JR大阪環狀線天滿站、地下鐵堺筋線南森町站、扇町站、天神橋六丁目站即到

←往南天滿公園　　中村屋 C 1 ↑往地下鐵南森町站

B 菓子工房マルイチ菓舖 ↓往JR大阪天滿宮站

A 大阪天滿宮

おおさかてんまんぐう
大阪天滿宮

創始於平安時代中葉的神社，供奉學問之神菅原道真。許多考生都會造訪這裡，以繪馬祈求金榜題名。這裡每年7月24、25日是天神祭的會場，熱鬧滾滾。

1 平常很幽靜的神社，一到了考季就會有大批考生進入，熱鬧非凡 2 內含護身符、神札、繪馬的「合格守」，3000日圓 3 通過鉛筆3入500日圓

☎06-6353-0025
MAP 附錄P8F4
大阪市北區天神橋2-1-8 JR東西線大阪天滿宮站4-A出口步行5分 免費參觀 參拜6:00～18:00，社務辦公室9:00～17:00 無休 無

かしこうぼうまるいちかほ
菓子工房マルイチ菓舖 B

受惠於學問之神 大阪天滿宮的加持，打造出來的明星商品——合格麵包（250日圓），在繪馬形狀的甜麵包上，以巧克力奶油寫上「合格」的獨特麵包，是香客們在參拜完後回程途中必買的一款商品。

1 除了求之不得的喜氣外型，帶有清爽麵香的口味，也是它受歡迎的主因

☎06-6351-5224 MAP 附錄P8F4
大阪市北區天神橋2-1-20 JR東西線大阪天滿宮站4-A出口步行3分 10:00～18:00 週日（其他另有臨時公休） 無

なかむらや
中村屋 Ⓒ

據說每天必須炸出高達3000個的可樂餅（70日圓），是在下町商店街必買必吃的品項。老闆已親自油炸逾20年，吃起來有著店家自豪的鬆軟口感與微微甜味。

1 一定大排長龍。位置緊鄰車站，來到這裡就先排隊買了之後再逛商店街吧 2 隨時現點現炸，口感輕爽，讓人一口氣可以吃2、3個

☎06-6351-2949 MAP 附錄P8F3
🏠大阪市北区天神橋2-3-21 🚉JR東西線大阪天滿宮站4-A出口即到 🕐9:00～18:30
🈺週日、假日 🅿無

くしかつやしちふくじん
串カツ屋　七福神 Ⓔ

天神橋筋裡的人氣炸串居酒屋。經典品項炸牛肉串3串324日圓，生啤酒第1杯108日圓，便宜到銅板價還有找錢！關東煮（108日圓～）也請務必一試。

1 炸串、土手燒可以外帶，喜歡帶走吃的人也要來踩點 2 另一款明星商品——關東煮也請一起品嘗看看 3 首先要試試經典商品炸牛肉串。口感酥脆又多汁！4 玉筍（108日圓）加鹽品嘗，更顯清甜 5 用關東煮的高湯燉煮過後再炸的牛筋，做出當地口味的炸牛筋串（108日圓）

☎06-6358-3311 MAP 附錄P8F2
🏠大阪市北区天神橋5-7-29 🚉JR大阪環狀線天滿站步行3分 🕐13:00～23:30（週六日、假日為11:00～）🈺週一（逢假日則翌日）🈳14 🅿無

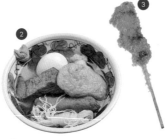

↑往地下鐵扇町站

扇町通

JR大阪環狀線
JR天滿站

Ⓔ 串カツ屋
七福神

N

↑往地下鐵天神筋六丁目站→

Ⓓ **Juice stand**
ペデル

Ⓕ 春駒本店

1 除了店頭擺滿當季水果之外，另備有薑黃等中藥類食材 2 距離車站很近，很多客人都在這裡補充能量，喝了再上

じゅーすすたんどべでる
Juice stand ペデル Ⓓ

讓顧客可以享用到以新鮮食材製成的無添加果汁吧。每筆點配方皆可依顧客喜好及身體狀況混搭調整，請儘管放心提出您的需求。綜合果汁每杯400日圓～。

☎06-6358-0444
MAP 附錄P8F2
🏠大阪市北区天神橋5-6-5 🚉JR大阪環狀線天滿站步行3分 🕐9:00～21:00 🈺週一 🅿無

はるこまほんてん
春駒本店 Ⓕ

可以用超便宜的價格，享用到店家從大阪中央批發市場採買而來的新鮮食材，是人氣名店。尺寸小巧的握壽司，基本上皆為2貫1盤，100日圓～。由顧客自行將點單內容寫在便條紙上，交給店方人員的點餐型態也很有趣。

1 佐鹽品嘗的炙燒金眼鯛（350日圓），讓您由衷讚嘆魚的鮮美滋味 2 生章魚（350日圓）放入口中之後，彈力會讓您暫時無法開口說話 3 上鰻魚（400日圓）的魚肉厚厚一片，吃起來很滿足 4 在壽司一級戰區——天滿首區一指的排隊名店

☎06-6351-4319 MAP 附錄P8F1
🏠大阪市北区天神橋5-5-2 🚉JR大阪環狀線天滿站步行5分 🕐11:00～21:30（售完即打烊）🈺週二 🈳26 🅿無

旅遊小筆記
深入採訪

令人好奇的 方言

～しはる【～シ・ハル】

釋義

用來表達敬意的補助動詞，在關西地區一帶皆有使用，語氣上不若「～なさる」嚴肅，運用方便，但有時這種敬意聽起來會像是刻意與受話者保持距離、事不關己。

例句1

社長！　どこ行ってはったんですか！（社長！您上哪去了！）

聽起來口氣不會太過嚴肅，但也還算是一種敬語。

例句2

ウチの子、勉強もせんと遊んではるわ。（我家小孩都不讀書，光會玩。）

用在自己親近的人身上時，則有「無言以對」「我不管了啦！」的涵意。也可應用為「勝手にしなはれ」等句型

採訪過程中令人好奇的 邂逅

新世界觀光人力車「俥天力」

不必多說什麼，就會主動做出這個表情、姿勢。新世界著名的大哥，會以妙語如珠的導覽，帶旅客走訪最有大阪特色的觀光名勝（→P110）

食倒次郎先生

正以為在道頓堀看到家喻戶曉的太郎先生……這時候，發現怎麼有點不對勁！？原來這是他弟弟次郎先生。中座食倒大樓（→P108）的吉祥物——食倒太郎出門參加活動的時候，才有機會請出次郎先生代班。小旗子是他的正字標記。

真田幸村，增生中！？

昔日大阪冬之陣戰役中的堡壘「真田丸」所在的玉造周邊一帶，有許多與真田幸村相關的地方振興活動。舉凡商店街裡的旗幟或招牌等，很多地方都看得到幸村喔！MAP 附錄P6F1周邊

令人好奇的人物 是何方神聖？

美國村裡的人型路燈

圓滾滾的頭、搭配上長～長的四肢——光是這樣就已經夠逗趣的路燈，還要蛻變得更時尚。自2012～2015年所實施的藝術專案，請來藝術家們各自發揮巧思，為總計50座街燈塗上新漆色。每座都別具特色的街燈，好像要來找人說話似的？

MOZUYAN

前身為1997年所舉辦的「大阪國民體育大會（全國運動會）」的官方吉祥物MOPPY。2014年MOZUYAN成為大阪府的官方吉祥物之際，同時也更新了它的名稱和面貌（！），現為大阪府公關宣傳副知事。附帶一提，MOZU（紅頭伯勞鳥）是大阪府的府鳥。Twitter @osakaprefPR

本書作者的真心話
各式各樣的必遊景點複習

SPOT

道頓堀

通天閣

大阪城

梅田藍天大廈

大阪市中央公會堂

說到大阪觀光地，當然就是道頓堀、通天閣和大阪城了。首先前往可以飽覽「水都」的道頓堀（→P106）。這裡有觀光船，夜晚在河面上搖曳的街燈燈影也美不勝收，當然這一區的大型招牌也不容錯過。而讓人會想爬上去一次看看的，則是通天閣（→P113）。雖然在新世界一帶到處都充斥著BILLIKEN的身影，但其實在通天閣展景台裡的那尊才是本家正宗，別忘了幫祂搔搔腳底之後許個願。受到電視連續劇影響而人氣沸騰的是大阪城（→P125）。天守閣觀景台的景色極佳，拍照時若將金鯱放在畫面下方當前景，就能拍出充滿魂力的美景。不過，說到觀景台，當然不能不提北部霸主──梅田藍天大廈空中庭園觀景台。除了景觀優美之外，獨特的建築設計在國外重新受到了肯定，受歡迎的程度是國際級的。看過近未來的建築物之後，還是要回到沉穩的懷舊建築──大阪中央公會堂。裡面已開設了別緻的餐館和公會堂商店，也是個重新走紅的景點（→P14）。

FOOD

大阪燒　章魚燒
大阪烏龍麵　炸串　綜合果汁

提到吃倒之都──大阪的名產，首先不得不提的是粉漿類食物。它泛指調勻麵粉和水做成麵糊後，加熱煎煮而成的食物，像是大阪燒（→P30）和章魚燒等食物。簡單樸實、價格親民的粉漿類食物，其實味道的關鍵就在於溶進麵糊裡的高湯，舉凡柴魚、昆布、蔬菜高湯等，各店各有不同的堅持。而可以直接品嘗原汁原味的大阪味關鍵食材──湯頭，則是大阪烏龍麵。不單以麵條本身作為這碗麵的主角，是要讓顧客享受到湯、麵、料三位一體的好滋味。另外，大阪還有一款不容錯過的平價美食，那就是炸串（→36）。從牛肉到蔬菜、海鮮、起司、麻糬等，所有食材都能夠拿來炸得香酥，一口咬下，麵皮要酥脆、食材要多汁，才能展現出炸串的真本事。醬汁禁止沾兩次的規矩，反倒是一大樂趣。吃過正餐之後，來杯果汁休息一下吧！在純喫茶和車站的果汁吧皆有販售，建議您還可以喝杯果汁當早餐喔！

SOUVENIR

食倒太郎周邊商品

地區限定零嘴

551蓬萊的肉包　北極的冰棒　RIKURO叔叔的起司蛋糕

大阪之旅的伴手禮，好壞取決於是否能夠讓收禮的人噗哧一笑。首先請食倒太郎的周邊商品出場吧！從吊飾等小東西，到文具、零食等，已推出了琳瑯滿目的品項，中座食倒大樓（→P108）裡的土特產品店，品項最為齊全。如果您要找的是分發給一大群人的零食，那知名廠商所推出的地區限定零嘴如何？有章魚燒口味的PRETZ百力滋餅乾棒和柿種米果等，花樣繁多，在車站和機場也都可以買得到。再來就是當地人也會買來當伴手禮的551蓬萊肉包（→P128）。在買好帶回去的路上，可能會被摸鼻香氣所吸引而想在電車上大啖肉包，所以別忘了幫自己多買一份。如果要找甜點類的話，北極的冰棒（MAP附錄P18D2）、RIKURO叔叔的起司蛋糕（MAP附錄P18D2）等商品都是當地人的御用點心。這些都是與551齊名的大阪排隊名店，要是拿來送給大阪出身的異鄉遊子，可是會讓他們喜極而泣的好禮。

/ 按區域 /

STANDARD SPOT CATALOG

必遊景點目錄

CONTENTS

依照各區域介紹
遊客最常造訪的
必遊觀光設施、
好評餐廳、咖啡廳資訊。

詳細交通資訊請見P134

大阪站·梅田

OSAKAEKI·
UMEDA

STANDARD SPOT CATALOG

梅田藍天大廈空中庭園展望台

うめだすかいびるくうちゅうていえんてんぼうだい

👆 觀光景點

離地面173公尺處眺望生動的景色

位於梅田藍天大廈頂樓,是很受歡迎的展望台。展望台內部分為3個樓層,隨處可見讓人可以享受到更多樂趣的設計,例如能保有充分私密的座位等等。到了晚上,寬敞開闊的樓頂還會幻化成在遊客腳邊閃閃發亮的迴廊。

☎06-6440-3855 **MAP** 附錄P15A2
🏠大阪市北区大淀中1-1-88大阪梅田藍天大廈39F、40F、樓頂 🚉JR大阪站中央口步行7分 💴展望台800日圓 🕙10:00~22:00截止入場(另有特別營業日) 🈳無休 🅿460個(第1小時400日圓,之後每15分100日圓)

1 兩棟大樓的高樓層部分互相連結,是充滿個性之美的建築
2 360度景觀就在眼前展開。鋪滿200公斤蓄光石的「露米藍天步道LUMI SKYWALK」也很浪漫

HEP FIVE 摩天輪

へっぷ ふぁいぶ かんらんしゃ

👆 觀光景點

1

是一座設在大樓樓頂的大紅色摩天輪。別具特色的空中散步旅程,轉一圈大約15分鐘,除了可以欣賞到周邊高樓大廈和梅田的街景之外,還能眺望大阪城和通天閣,讓人心情舒暢。搭乘前還可為您提供紀念照拍攝服務(每張1100日圓)

☎06-6366-3634 **MAP** 附錄P14D2
🏠大阪市北区角田町5-15HEP FIVE 7F 🚉阪急梅田站中央口步行3分 💴摩天輪搭乘券500日圓 🕙11:00~22:45截止搭乘 🈳不定休 🅿無

1 直徑75公尺,最高處高度約達106公尺,車廂內設有完善的冷暖空調

大阪站前大樓

おおさかえきまえびる

👆 觀光景點

1

在JR大阪站南側成排聳立的大樓,共有四棟,分別為第1~第4大樓。地下1樓、地下2樓與周邊的商店街相通,餐廳和居酒屋等食肆在此比鄰而居,相當受到附近上班族和粉領族的歡迎,當中還有足堪代表大阪的名店。

MAP 附錄P14D4~P15C4
🏠大阪市北区梅田1 🚉JR大阪站中央口步行5分 🕙🈳因店而異 🅿有(收費)

1 有餐飲商家進駐而顯得熱鬧滾滾的第1大樓地下樓層。第3大樓的高樓層還有免費的觀景處

STANDARD SPOT CATALOG

花枝燒
阪神名物

はんしんめいぶついかやき

🍴 用餐

每天平均據說要煎1萬片的明星商品花枝燒。在調勻的麵粉與秘傳高湯當中加入切塊的花枝，然後在鐵板上一股作氣煎熟起鍋。Q彈的麵餅和花枝的鮮味，讓人忍不住一口接一口！

☎06-6345-1201 MAP 附錄P14D3
🏠大阪市北区梅田1-13-13 阪神梅田總店B1「Snapar」 🚉JR大阪站中央南口即到 🕙10:00～20:00（依日期、樓層而略有不同） ❌不定休 🅿有（每30分鐘350日圓）

1 花枝燒152日圓 2 加入雞蛋和蔥花的和風豪華燒（和風デラ），216日圓。是阪神梅田總店的明星商品

近畿大学水産研究所 近大店
近大卒の魚と紀州の恵み

きんだいそつのさかなときんしゅうのめぐみ
きんきだいがくすいさんけんきゅうじょ おおさかてん

🍴 用餐

獨步全球，率先成功以完全養殖方式培養出來的「近大鮪魚」，中午時段有海鮮丼飯等午餐餐點、晚上則可以在生魚片等多道餐點當中，品嘗到它的美味。此外，使用各種養殖魚類及紀州（和歌山）食材的菜色，也不容錯過。

☎06-6485-7103 MAP 附錄P15B1
🏠大阪市北区大深町3-1 GRAND FRONT 大阪北館6F KNOWLEDGE CAPITAL內 🚉JR大阪站中央北口（2F中庭廣場、B1）連通 🕙11:00～14:00LO、17:00～22:00LO（售完即打烊） ❌準同GRAND FRONT大阪（→P64） 🅿93 🅿330個（前60分鐘600日圓，之後每30分鐘300日圓）

1 午餐時段的海鮮丼飯，1850日圓。菜色包括近大鮪魚和特選鮮魚，還附上每日小菜及味噌湯

阪急 梅田本店
はんきゅう うめだほんてん

🛍 購物

引領關西地區流行趨勢的百貨公司。除了流行服飾、美妝保養等領域的人氣品牌之外，還有一整層樓的雜貨賣場、別家買不到的限定甜點等，品項充實豐富。慶典廣場還會舉辦各式各樣的活動及期間限定的特賣會。

☎06-6361-1381 MAP 附錄P14D3
🏠大阪市北区角田町8-7 🚉JR大阪站中央南口步行3分 🕙10:00～20:00（因日期、樓層不同） ❌不定休 🅿無

1 日本最大規模的百貨公司。10樓這一整層網羅了特色雜貨的「umeda SOUQ」很受歡迎

NU chayamachi
ぬーちゃやまち

🛍 購物

聳立在茶屋町玄關送往迎來、外觀別具特色的一棟流行商場。從複合品牌店，到雜貨和美容沙龍等皆匯聚在此。逛街如果逛累了，就到人氣餐廳或咖啡廳去喘口氣、歇歇腳吧！

☎06-6373-7371 MAP 附錄P14D1
🏠大阪市北区茶屋町10-12 🚉阪急梅田站茶屋町口即到 🕙11:00～21:00（餐飲～24:00，部分櫃位略有不同） ❌不定休 🅿無

1 時尚之城茶屋町的必逛景點。對面的NU chayamachi Plus也不要錯過喔！

中之島～本町

NAKANOSHIMA
HONMACHI

STANDARD SPOT CATALOG

國立國際美術館
こくりつこくさいびじゅつかん

👆 觀光景點

以銀色骨架所組成的獨特外觀，是揣摩竹子的生命力及現代美術的發展而來。除了以不同主題展示國內外現代美術作品的典藏展之外，還會舉辦旨在介紹各式豐富藝術作品、不侷限於現代美術的主題展。

☎06-6447-4680 **MAP** 附錄P11B1
🏠大阪市北区中之島4-2-55 🚇地下鐵四橋線肥後橋站4號出口步行10分 💰典藏展430日圓（特展、主題展需另行購票） 🕙10:00～17:00（週五～19:00） 🚫週一（逢假日則翌日）、更換展品期間 🅿無

1 規模傲視關西地區。展示室位於地下2、3樓

芝川大樓
しばかわびる

👆 觀光景點

由大阪船場富商於昭和2年（1927）所興建的大樓。這棟地上4層、地下1層的建築，有著別具特色的圓弧形的南歐風格玄關等，內外遍佈許多值得一看的景物。現有越南餐廳和咖啡廳等餐飲、以及花店等商家進駐。

MAP 附錄P11C2
🏠大阪市中央区伏見町3-3-3 🚇地下鐵御堂筋線淀屋橋站11號出口即到 🅿無

1 讓人聯想到印加和馬雅文明遺址的外部裝潢。1樓有巧克力品牌「TIKAL by Cacao en Masse」設櫃進駐（→P78）

御舟かもめ
おふねかもめ

👆 觀光景點

重新利用昔日在熊本縣天草進行珍珠養殖作業的小船，打造成悠遊在大阪河川上的遊船。行程有附早餐的「早餐遊船」和參觀大型結構物的「土木遊船」等特色行程，讓人想乘船飽覽水都風光。

☎050-3736-6333 **MAP** 附錄P10F1
八軒家浜碼頭位於🏠大阪市中央区天満橋京町1-1 🚇京阪天満橋站即到 💰2100日圓～ 🚫依行程而異 🚫僅於週五～週日、假日航行（需預約） 🅿無

1 每艘限乘10人的小船。乘客可近距離欣賞到大阪市中央公會堂等名勝（照片攝影：小倉優司）

大阪水上巴士
AQUA LINER
おおさかすいじょうばす
あくRあいなー

👆 觀光景點

在大阪城～中之島周邊巡行的觀光船。在約60分鐘的周遊行程當中，您可欣賞到名勝、古蹟、商業區、綠意盎然的公園等風景，遇見水都大阪變換多樣的風貌。

☎0570-03-5551（大阪水上巴士） **MAP** 附錄P10F1
八軒家浜碼頭位於🏠大阪市中央区天満橋京町1-1 🚇京阪天満橋站即到 💰周遊行程1700日圓 🕙10:00～16:00（冬季～15:00），觀光船於每小時的10分出港 🚫不定休 🅿無

1 河岸邊是一整片四季不同的景色。另有期間限定的活動，活動期間還會有夜間觀光船航行

1 離地面約50公尺的展望台。能夠360度眺望大阪公園～市內的美景 2 還原了秀吉生前非常喜愛的黃金茶室 3 迷你夏之陣，以模型重現大阪夏之陣圖屏風 4 大阪城的正玄關，以及大手門為重要文化財 5 現在看到的，為昭和6年（1931）重建的第三代天守閣

STANDARD
SPOT
CATALOG

觀光景點

おおさかじょうてんしゅかく

大阪城天守閣

由太閣秀吉所興建
是大阪的象徵

大阪城建於天正11年（1583），被列入日本三大名城之一。在地上8層的建築物當中，各層樓都有以模型或影像呈現的各種展示，可以學到與豐臣秀吉和大阪城有關的歷史。從觀景台眺望出去的景色更是絕美！

☎06-6941-3044（大阪城天守閣）
☎06-6755-4146（大阪城遊客中心）MAP 附錄P22B3
🏛大阪市中央区大阪城1-1 🚉JR大阪環狀線大阪城公園站、地下鐵谷町線谷町四丁目2號出口步行15～20分 💴入館600日圓 🕘9:00～17:00（有季節性變動）🈳無休 🅿約268台（每小時300日圓，22:00～翌日8:00為每小時150日圓）大阪城公園為🈳🈯🈺自由參觀

STANDARD SPOT CATALOG

NMB48劇場
えぬえむびー
ふぉーてぃーえいと
しあたー

觀光景點

偶像團體「NMB48」專用的劇場。表演呈現方式是以歌唱、舞蹈和談話所串連而成，表演內容則是因團而異。購票請事先向「AKB姐妹團購票中心（http://www.nmb48.com/）」申請訂購。

☎06-6643-7848 MAP附錄P18E2
🏠大阪市中央區難波千日前12-7YES・NAMBA大樓B1 🚇地下鐵御堂筋線難波站3號出口步行5分 🕐各場演出不同 ❌不定休 🅿無

① 每場表演約2小時，地點在難波花月劇場（→P114）對面大樓的地下1樓

道頓堀
水上
觀光船
とんぼり
りばーくるーず

觀光景點

沿著道頓堀川的日本橋～湊町之間行駛約20分鐘的觀光船，負責導覽的工作人員會解說道頓堀的歷史與文化，最後還會保留時間讓遊客在固力果招牌前拍照，整趟行程樂趣多多。

☎06-6441-0532（一本松海運）MAP附錄P16D4
太左衛門橋碼頭位於🚇地下鐵御堂筋線難波站14號出口步行6分 💴900日圓 🕐13:00～21:00之間，每小時的整點、半點出發（週六日、假日為11:00～） ❌7月13、24、25日、8月6日 🅿無

① 觀光船行程能讓您一口氣看遍道頓堀沿岸的名勝，船票在唐吉軻德1樓、碼頭前販售

美國村
あめりかむら

觀光景點

以年輕人的流行發源地、時尚景點而大受歡迎的區域。除了有流行服飾及雜貨的店家之外，更匯集了二手衣、CD唱片行、夜店、藝廊、傳統定食餐館等橫跨多種不同領域的商店。

MAP附錄P17C2～C3
🏠大阪市中央區西心齋橋1～2 🚇地下鐵御堂筋線心齋橋站7號出口即到 🕐❌因店而異 🅿無

① 位於美國村中央地帶的這座三角公園，是絕佳的小憩地點。附近還有黑田征太郎的壁畫

心齋橋筋
商店街
しんさいばしすじ
しょうてんがい

觀光景點

御堂筋東側、從長堀通到宗右衛門町之間，有一條南北長約580公尺的拱廊商店街，當中共有約180家商店，除了網羅流行品牌、快時尚、話題甜點店之外，老字號茶屋等歷史悠久的店家也不少。

☎06-6211-1114（心齋橋商店街發展協會）
MAP附錄P16D2～D4 🏠大阪市中央區心齋橋筋1～2 🚇地下鐵御堂筋線心齋橋站5、6號出口即到 🕐❌因店而異 🅿無

① 自江戶時代延續至今，歷史悠久的商店街，還有知名品牌的旗艦店林立於此

法善寺橫丁
ほうぜんじよこちょう

👆 觀光景點

位在道頓堀商店街（→P106）南側，一條老字號割烹等鱗次櫛比的石板小巷。以潑水不動明王而聞名的法善寺，便是以這條路作為參道。約自明治時代起，在附近小劇場表演完的演員，以及看完表演的觀眾，就會在這個地方找樂子，時至今日，法善寺橫丁的熱鬧風華依舊不減。

MAP 附錄P18D1～E1
🏠 大阪市中央区道頓堀1～難波1 🚇 地下鐵御堂筋線難波站14號出口步行5分 ⏰休因店而異 Ⓟ無

1 法善寺橫丁的西門招牌是由藤山寬美、東門是由三代目桂春團治揮毫題字。這裡還有昭和35年（1960）的歌謠曲「月之法善寺橫丁」的歌碑

千日前道具屋筋商店街
せんにちまえどうぐやすじしょうてんがい

👆 觀光景點

一條服務餐飲專業人士的專賣商店街。相傳最初因為這裡是法善寺所在地——千日前通往今宮戎神社的參道而開始興盛。全長160公尺的拱廊下，共有包含營業用章魚燒設備、餐飲設備、招牌 暖簾等約50家店。

☎06-6633-1423（千日前道具屋筋商店街發展協會）
MAP 附錄P18E2～E3 🏠 大阪市中央区難波千日前 🚇 地下鐵御堂筋線難波站3號出口步行5分 ⏰休因店而異 Ⓟ無

1 店頭擺滿了食品樣本等會想讓人買來當伴手禮的商品。「道」字招牌就是這條商店街的正字標記

黑門市場
くろもんいちば

👆 觀光景點

總長達580公尺，被譽為「大阪廚房」的一座市場。除了共約有170家的鮮魚店和蔬果店之外，另有前來採購的客人們用餐的餐廳等店家。而來採買的人當中，專業廚師自不在話下，就連一般民眾也不少。尤其在過年前，更是有許多人為了採購食材而造訪此地。

☎06-6631-0007 **MAP** 附錄P18F1～2
🏠 大阪市中央区日本橋1～2 🚇 地下鐵各線日本橋站即到 ⏰休因店而異 Ⓟ無

1 拱郎下到處都掛著魚的招牌，是一條洋溢著市場活力的商店街

道頓堀今井
どうとんぼりいまい

🍴 用餐

創立於昭和21年（1946），是大阪烏龍麵的名店。每天選用北海道昆布、頂級日本丁香魚、柴魚片熬煮多次的高湯，凝結出說不盡的高雅味道，層次豐富。高湯、彈牙的麵條和配料，打造出極致講究的一碗烏龍麵，敬請您來品嘗。

☎06-6211-0319 **MAP** 附錄P16D4
🏠 大阪市中央区道頓堀1-7-22 🚇 地下鐵御堂筋線難波站14號出口步行5 ⏰11:00～21:30LO 休週三（逢假日則營業）Ⓟ138 日圓

1 店面就位在道頓堀商店街上。豆皮烏龍麵每份756日圓，煮得香甜的豆腐皮和高湯是絕配

STANDARD SPOT CATALOG

muse osaka
みゅーぜ おおさか
☕ 咖啡廳

引爆堀江地區人氣的地標咖啡廳。自然光從大片的玻璃窗灑落下來，挑高的樓面顯得相當開闊。午餐餐點有使用當季食材烹調而成的義大利麵和自製甜點等，豐富多樣。店內還設有視野極佳的沙龍酒吧。

☎06-4391-3030 MAP 附錄P17A3
🏠 大阪市西區南堀江1-21-7 🚇地下鐵四橋線四橋6號出口步行6分 ⏰11:30～24:00 休無休 P70 P無

1 望著窗外的公園放鬆慵懶。每日main lunch，1100日圓（週六日、假日為1300日圓）

COCOA SHOP AKAITORI
ここあ しょっぷ あかいとり
☕ 咖啡廳

自昭和47年（1972）營業至今的可可專賣店。使用荷蘭De Zaan帆船牌可可粉，加入生薑白蘭地等，調製出獨家菜單，熱可共13款，冰可可則有5款。

☎06-6211-6638 MAP 附錄P16D3
🏠 大阪市中央區心斎橋筋2-7-25金子大樓2F 🚇地下鐵御堂筋線心齋橋站6號出口步行5分 ⏰12:00～19:00 休週三，每月另有一次不定休 P25 P無

1 棉花糖可可（660日圓）與鳥籠裡的鳥巢蛋糕（450日圓）

551蓬萊 戎橋本店
ごーごーいちほうらい えびすばしほんてん
🛍 購物

大阪伴手禮的經典──肉包每日在店內手工製作，全店每天可賣出高達14萬顆，是店內的人氣商品。Q彈的外皮當中，滿滿地包著多汁的豬肉＆沁甜洋蔥內餡，吃起來大大滿足。

☎06-6641-0551 MAP 附錄P18D1
🏠 大阪市中央區難波3-6-3 🚇地下鐵御堂筋線難波站11號出口步行3分 ⏰10:00～22:00 休第3週二 P無

1 肉包2顆340日圓（照片中為6顆裝，1020日圓）。主要車站內皆有分店，購買方便

Flying Tiger Copenhagen
ふらいんぐ たいがー・こぺんはーげん
🛍 購物

源自瑞典的日用雜貨品牌，這裡是品牌在亞洲所開設的第1號店。色彩繽紛又逗趣的文具用品、廚房＆衛浴用品、裝潢擺設等，琳瑯滿目，帶給您北歐的生活方式。商品的主要價格區間為200～400圓，如此驚人的低價位也為品牌炒熱了話題。

☎06-4708-3128 MAP 附錄P17C3
🏠 大阪市中央區西心斎橋2-10-24PREVIEW大樓1F・2F 🚇地下鐵御堂筋線心齋橋站7號出口步行5分 ⏰11:00～20:00 休無休 P無 ※本書刊載商品可能已售完，商品售價可能於未經事前預告情況下調整。

1 鬧鐘（小）700日圓 2 北極熊造型橡皮擦，每個200日圓

1 震撼力十足的景色！觀景台 HARUKAS300（🎫門票1500日圓） 2 （左）HARUKAS蜂蜜蛋糕（カステラ銀裝）810日圓，（右）阿倍野HARUKAS馬卡龍（BOUL' MICH）5入1188日圓。皆於阿倍野HARUKAS近鐵本店的地下食品賣場販售 3 58樓，綠意盎然的天空庭園 4 地下5樓〜地上60樓的建築

あべのはるかす

👆 觀光景點

阿倍野 HARUKAS

號稱高達 300 公尺的超高層複合大樓

於2014年落成的日本最高複合大樓。當中有百貨公司、飯店、美術館等進駐，是一個待上一整天都不會膩的話題景點。從58〜60樓的觀景台望出去，除了大阪街景盡收眼底之外，天氣好的時候甚至還能遠眺京都塔和淡路島。

☎06-6621-0300（HARUKAS300觀景台）
☎06-6624-1111（阿倍野HARUKAS近鐵本店）
🗺附錄P20E3〜F3
🏢 大阪市阿倍野区阿倍野筋1-1-43 🚉近鐵大阪阿部野橋站連通，各線天王寺站即到 🕐❷依各設施而異 🅿百貨公司900個（第1小時600日圓），之後每30分鐘300日圓），其他各設施情況略有不同

新世界〜
阿倍野

SHINSEKAI
ABENO

STANDARD SPOT CATALOG

TEN-SHIBA
てんしば
👆 觀光景點

2015年10月蛻變重生的天王寺公園入口地區，以廣闊的草坪廣場為主軸，四周有咖啡廳、餐廳一字排開，還設有兒童遊戲區和五人制足球場。

☎06-6773-0860 MAP 附錄P20D2〜E2
🏠大阪市天王寺区茶臼山町5-55 🚃JR天王寺站北口步行2分 ⏰入園免費 🕐7:00〜22:00(部分商家24小時營業，營業時間各店舖有不同) 🈳無休 🅿天王寺公園備有地下停車場，約500個車位(收費)

1 有可麗餅咖啡廳和義大利餐廳等4家餐飲商舖，週末還會有行動餐車

SPA WORLD 溫泉大世界
すぱわーるど
せかいのだいおんせん
👆 觀光景點

集結了世界各國的澡堂以及岩盤浴的溫泉主題館。有歐風與東洋風的浴室，會定時互換男女專用浴室，兩種風格都享受得到。館內的休閒設施、室內泳池也相當受歡迎。

☎06-6631-0001 MAP 附錄P21B2
🏠大阪市浪速区恵美須東3-4-24 🚃地下鐵堺筋線、御堂筋線動物園前站，JR大阪環狀線新今宮站步行即到 ⏰入場門票大人1200日圓〜 🕐24小時(8:45〜10:00為清掃時間，不得入館、入浴。因設施而異) 🈳無休 🅿310輛(第1小時300日圓，之後每30分鐘150日圓)

1 以特雷維噴泉為意象的古羅馬風大浴場

天王寺動物園
てんのうじどうぶつえん
👆 觀光景點

約有200種、共1000隻動物棲息都會中的動物園

宛如森林動物的亞洲象實際生活在森林中的「亞熱帶雨林區」等。如此重現動物們棲息景觀的「生態型展示」，掀起了話題。逢動物們的點心、用餐時段，保育員還會進行定點導覽解說。

1 彷彿在大自然環境當中參觀似的「非洲大草原區」 2 名叫虎二郎的西伯利亞虎 3 北極熊小一天真可愛的表情

☎06-6771-8401 MAP 附錄P21C1〜2
🏠大阪市天王寺区茶臼山町1-108 🚃各線天王寺站、動物園前站、惠美須町站、新今宮站步行5〜10分 ⏰入園門票500日圓 🕐9:30〜17:00(5月、9月的週六日、假日為〜18:00) 🈳週一(逢假日則於次一平日休) 🅿無

STANDARD
SPOT
CATALOG

1 世界上最大的魚——鯨鯊。胸前黃毛是國王企鵝的特徵 3 太平洋斑紋海豚最愛玩遊戲了 4 海獺身上長滿了毛，能為他們的身體禦寒 5 從水族箱下方也可以看得到新體感區的萬人迷——環斑海豹 6 一開始先上到8樓，之後再一邊參觀一邊往下走

能用全身來感受
海洋生物的水族館

能欣賞到約620種、高達3萬隻生物的巨大水族館。展示方式是以重現環太平洋水域的14個水族箱，環繞中央一座高約9公尺的水族箱「太平洋」，配置別具特色。能夠實際與動物接觸的新體感區，也很受歡迎。

☎06-6576-5501 【MAP】附錄P23A4
🏠大阪市港区海岸通1-1-10 🚇地下鐵中央線大阪港站1號出口步行5分 💴入場門票2300日圓 🕙10:00～20:00（依季節略有不同，閉館1小時前截止入館） 🈺全年總計公休4天 🅿1300個（每30分鐘200日圓～，詳情請洽詢海遊館）

海遊館
かいゆうかん

👆
觀光景點

GOOD
TO SLEEP
價格可愛 & 安心的住宿指南

(大阪站‧梅田) ──────── 商務飯店

ハートンホテル西梅田
Hearton Hotel Nishi Umeda

距離JR大阪站很近，就觀光而言交通非常便利。所有房間選用舒適的席夢思床墊，員工的服務向來皆以親切著稱，有許多回頭客。早餐是能讓旅客充分飽足的日西自助式餐點，每人1080日圓。

☎06-6342-1111　**MAP** 附錄P15B4
🏠大阪市北區梅田3-3-55　🕐IN14:00／OUT12:00　💰單人房13,000日圓～、雙床房21,000日圓～　🚃JR大阪站櫻橋口步行3分　🅿無

(北新地) ──────── 城市飯店

ホテルエルセラーン大阪
HOTEL ELSEREINE OSAKA

位於從大阪車站走路可達的範圍內，且為高級精品品牌群聚的西梅田區域。飯店內有許多體貼女性旅客的措施，例如全館禁煙，還有講究天然素材的備品等。日西自助式早餐每人1600日圓。

☎06-6347-1484　**MAP** 附錄P9C4
🏠大阪市北區堂島1-5-25　🕐IN15:00／OUT11:00　💰單人房12600日圓～、雙床房21600日圓～　🚃JR東西線北新地站11-5出口步行5分　🅿20輛(1晚1500日圓)

(中之島～本町) ──────── 商務飯店

三井ガーデンホテル 大阪淀屋橋
三井花園飯店 大阪淀屋橋

座落在淀屋橋～北濱的辦公大樓區內，日西自助式早餐選用了許多新鮮蔬菜，還準備了具有大阪特色的餐點。飯店內備有2間浴室的雙床房型，方便旅客在忙碌的早晨分別同時使用浴室。

☎06-6223-1131　**MAP** 附錄P10D1
🏠大阪市中央區高麗橋2-5-7　🕐IN14:00／OUT11:00　💰單人房7000日圓～、雙床房8000日圓～　🚃地下鐵御堂筋線淀屋橋站12號出口步行5分　🅿5輛(1晚1200日圓，依抵達先後順序安排停放)

(中之島～本町) ──────── 商務飯店

チサン イン 大阪ほんまち
大阪本町知鄉舍飯店

位居辦公區‧本町和購物天堂 心齋橋中間，夜晚非常寧靜，女性旅客也能放心下榻。早餐備有約30種菜色的日西自助式早餐，有講究的白飯，還會端出大阪名產章魚燒。

☎06-6263-0911　**MAP** 附錄P10D4
🏠大阪市中央區博勞町2-3-8　🕐IN15:00／OUT10:00　💰單人房8000日圓～、雙床房13000日圓～　🚃地下鐵堺筋線堺筋本町站10號出口、長堀橋站2-B出口步行8分　🅿4輛(1晚1500日圓，依抵達順序安排停放)

(心齋橋周邊) ──────── 旅店

ほすてる ろくよん おおさか
HOSTEL 64 Osaka

以辦公大樓改裝而成的設計旅店。除了有一般的日式、西式客房之外，還有多人混住式的通舖。在旅店大廳還可享受與其他各國旅客交流的樂趣。淋浴間、廁所為共用式。

☎06-6556-6586　**MAP** 附錄P11A4
🏠大阪市西區新町3-11-20　🕐IN15:00～23:00／OUT12:00　💰單人房6000日圓～、雙床房8100日圓～、通舖每人3500日圓～　🚃地下鐵長堀鶴見綠地線西長堀站1號出口步行3分　🅿無

(美國村) ──────── 商務飯店

ゔぃあいんしんさいばし
Via Inn 心齋橋

座落在商務出差或觀光旅遊皆很方便的區位，雙床房除了有一般的地毯式房型之外，還有可以脫掉鞋子放鬆的木質地板式房型。飯店內有免費供應的早餐，女性專用樓層還會提供專用的備品。

☎06-6121-5489　**MAP** 附錄P17C2
🏠大阪市中央區西心齋橋1-10-15　🕐IN15:00／OUT10:00　💰單人房11000日圓～、雙床房19800日圓～　🚃地下鐵御堂筋線心齋橋站7號出口步行2分　🅿有特約停車場(收費)

(新大阪) ──────── 商務飯店

レム新大阪
remm SHIN-OSAKA

飯店與大阪的玄關──新大阪站相連通，對提供高品質的睡眠特別講究，從寢具到裝潢、背景音樂，全都為追求舒眠而設。女性專用客房另附有空氣清淨機，旅客可自行選擇喜歡的香味。單人房、準雙人房內未設置浴缸。

☎06-7668-0606　**MAP** 附錄P2B2
🏠大阪市淀川區宮原1-1-1　🕐IN14:00／OUT12:00　💰單人房8500日圓～、雙床房12500日圓～　🚃JR‧地下鐵御堂筋線新大阪站連通　🅿無

大阪站・梅田 ──── 城市飯店

ホテルグランヴィア大阪
大阪格蘭比亞大飯店

與JR大阪站連通，並位在大阪STATION CITY內，交通相當便利。飯店內備有多種房型，包括在27樓有高品質的「格蘭比亞樓層」，還有以療癒為主題的概念房型等。特別為女性所設計的住宿專案也值得留意。

1 客房樓層位在21樓以上的高樓層，大阪市中心的景觀盡收眼底 2 位於大阪車站大樓內，最適合當作觀光據點

☎06-6344-1235 MAP附錄P15C3
🏠大阪市北區梅田3-1-1 ⏰IN15:00/OUT12:00 💰雙人房16500日圓～(飯店官網訂購，價格會浮動) 🚅JR大阪站中央口連通 🅿️有(收費)

心齋橋 ──── 城市飯店

ホテルトラスティ心斎橋
HOTEL TRUSTY心齋橋

緊鄰心齋橋站，最適合在市區觀光的旅客。寬敞的客房裡，擺放的是加寬的床鋪，讓旅客可以充分放鬆休息。在1樓的人氣咖啡廳「Bruno del vino」裡，備有飯店自豪的自助式早餐，每人1620日圓即可享用。

1 桌子和浴室也是以加大尺寸為標準配備 2 有型又有品味的空間

☎06-6244-9711 MAP附錄P16D1
🏠大阪市中央區南船場3-3-17 ⏰IN15:00/OUT11:00 💰單人房16500日圓～，雙人房26500日圓～ 🚅地下鐵御堂筋線心齋橋站2號出口步行3分 🅿️30輛(1晚2500日圓，依抵達順序安排停放)

心齋橋 ──── 商務飯店

ダイワロイネットホテル四ツ橋
Daiwa Roynet Hotel Yotsubashi

房內皆備有加濕空氣清淨機和熨褲機等方便的備品。凡入住即贈送每位旅客飯店的獨家掛耳包咖啡，另外還免費贈送女性旅客旅行組。日西自助式早餐每人為1030日圓。

1 客房內可免費連接有線&無線LAN（Wi-Fi）上網 2 早餐是約有40道餐點的日西自助式早餐。推薦主廚特製法式土司

☎06-6534-8055 MAP附錄P11B4
🏠大阪市西區新町1-10-12 ⏰IN14:00/OUT11:00 💰單人房8000日圓～，雙床房13500日圓～ 🚅地下鐵四橋線四橋站2號出口步行3分 🅿️5輛(1晚1800日圓，預約制)

新世界～阿倍野 ──── 城市飯店

天王寺都ホテル
天王寺都飯店

連通車站的飯店，位置緊鄰掀起話題討論的阿倍野HARUKAS，不論是觀光或商務都很方便。客房房型從單人房到四人房都有，很適合團體或家庭下榻。在享用每人2100日圓的自助式早餐之餘，還可以飽覽地上17樓的景觀。

1 標準雙床房面積為24平方公尺，寬敞舒適 2 所有客房皆備有咖啡，歡迎您來段溫暖的咖啡時光

☎06-6628-3200 MAP附錄P20F3
🏠大阪市阿倍野區松崎町1-2-8 ⏰IN14:00/OUT12:00 💰單人房18000日圓～，雙床房21384日圓～ 🚅JR・地下鐵各線天王寺站即到 🅿️飯店專用停車位15輛，近鐵停車塔562輛(1晚2100日圓)

ACCESS GUIDE

前往大阪的方式

前往大阪可以搭乘鐵路、飛機、長途巴士，從新幹線的新大阪站、伊丹機場或關西機場
前往市區的交通樞紐──大阪站、南部的難波站，也有很多種交通方式。

各地前往大阪的交通方式

從東京	東京站	新幹線「のぞみ」　2小時30分	新大阪站
	羽田機場	ANA・JAL　約1小時10分	伊丹機場
		ANA・JAL・SFJ　約1小時15分	關西機場
從名古屋	名古屋站	新幹線「のぞみ」　50分	新大阪站
從廣島	廣島站	新幹線「のぞみ」　1小時25分	
從博多	博多站	新幹線「のぞみ」　2小時30分	
	福岡機場	ANA・JAL・IBX　約1小時10分　※另有關西機場起降的航班（APJ・JJP）	伊丹機場

前往大阪市中心的交通方式

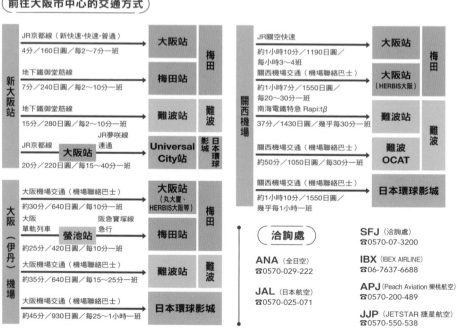

新大阪站

JR京都線（新快速・快速・普通）
4分／160日圓／每2～7分一班 → 大阪站（梅田）

地下鐵御堂筋線
7分／240日圓／每2～10分一班 → 梅田站（梅田）

地下鐵御堂筋線
15分／280日圓／每2～10分一班 → 難波站（難波）

JR京都線 大阪站 JR夢咲線 連通
20分／220日圓／每15～40分一班 → Universal City站（影城 日本環球影城）

大阪（伊丹）機場

大阪機場交通（機場聯絡巴士）
約30分／640日圓／每10分一班 → 大阪站（丸大廈、HERBIS大阪等）（梅田）

大阪單軌列車 螢池站 阪急寶塚線急行
約25分／420日圓／每10分一班 → 梅田站（梅田）

大阪機場交通（機場聯絡巴士）
約35分／640日圓／每15～25分一班 → 難波站（難波）

大阪機場交通（機場聯絡巴士）
約45分／930日圓／每25～1小時一班 → 日本環球影城

關西機場

JR關空快速
約1小時10分／1190日圓／每小時3～4班 → 大阪站（梅田）

關西機場交通（機場聯絡巴士）
約1小時7分／1550日圓／每20～30分一班 → 大阪站（HERBIS大阪）（梅田）

南海電鐵特急 Rapi:tβ
37分／1430日圓／幾乎每30分一班 → 難波站（難波）

關西機場交通（機場聯絡巴士）
約50分／1050日圓／每30分一班 → 難波 OCAT（難波）

關西機場交通（機場聯絡巴士）
約1小時10分／1550日圓／幾乎每1小時一班 → 日本環球影城

洽詢處

ANA（全日空）
☎0570-029-222

JAL（日本航空）
☎0570-025-071

SFJ（洽詢處）
☎0570-07-3200

IBX（IBEX AIRLINE）
☎06-7637-6688

APJ（Peach Aviation 樂桃航空）
☎0570-200-489

JJP（JETSTAR 捷星航空）
☎0570-550-538

主要車站間交通方式一目瞭然交通地圖

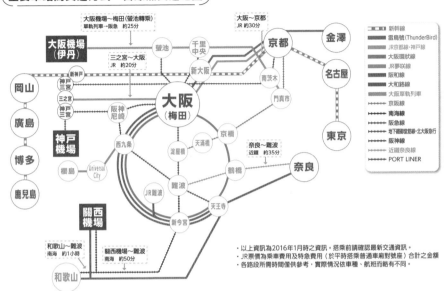

大阪機場～梅田（螢池轉乘）
單軌列車→阪急 約25分

大阪～京都
JR 約30分

三之宮～大阪
JR 約20分

奈良～難波
近鐵 約35分

和歌山～難波
南海 約1小時

關西機場～難波
南海 約50分

圖例
- 新幹線
- 雷鳥號（ThunderBird）
- JR京都線・神戸線
- 大阪環狀線
- JR夢咲線
- 阪和線
- 大和路線
- 大阪單軌列車
- 京阪線
- 南海線
- 阪急線
- 地下鐵御堂筋線・北大阪急行
- 阪神線
- 近鐵奈良線
- PORT LINER

- 以上資訊為2016年1月時之資訊。搭乘前請確認最新交通資訊。
- JR票價為乘車費用及特急費用（於平時搭乘普通車廂對號座）合計之金額
- 各路段所需時間僅供參考，實際情況依車種、航班而略有不同。

(優惠票券)

● 新幹線自由座專用早特來回票（JR東海）
名古屋（市內）出發　9150日圓

可搭乘東海道新幹線自由座的來回套票，限於3日內有效。去程乘車日之1個月前起至1週前可購票，但依乘車日期不同，可發售之票券張數另有限制。本票券不可於中途下車，亦不得變更乘車日期。票券於出發或抵達地點的JR主要車站或旅行社均有販售。

● 新幹線大阪優惠票（JR西日本）
博多（福岡市區）、小倉（北九州市區）出發　26940日圓

可搭乘山陽新幹線普通車廂對號座的來回車票，限於7日內有效。票券於出發地點的JR主要車站或旅行社均有販售。

● 回聲號月台經濟遊（ぷらっとこだまエコノミープラン）（JR東海Tours）
東京・品川站出發　普通車廂10300日圓～　Green car 11800日圓～

新横濱站出發　普通車廂10200日圓～　Green car 11700日圓～

能夠搭乘回聲號的普通車廂或Green car的對號座，並且附贈一張飲料兌換券（咖啡、無酒精飲料、罐裝啤酒）。本票券在乘車日的一個月前到乘車日前一天，於JTB的各個分店皆可購買。但不得變換車廂，取消的手續費也相當高，敬請注意。

(洽詢處)

JR 西日本
☎0570-00-2486

JR 東海
☎050-3772-3910

大阪市交通局
（地下鐵）
☎06-6582-1400

阪急電車
☎0570-089-500

京阪電車
☎06-6945-4560

阪神電車
☎06-6457-2258

近鐵電車
☎06-6771-3105

南海電車
☎06-6643-1005

ACCESS GUIDE

遊逛大阪的方式

大阪市區主要分為兩大區塊，分別是被稱為「北部」的梅田地區、以及被稱為「南部」的難波·天王寺地區。
而市區的交通方式，基本上大多是從南北兩區的交通樞紐搭乘大阪市營地下鐵、JR大阪環狀線前往。

地下鐵

大阪是繼東京之後，全日本第二個開通地下鐵的都市。目前大阪的市營地下鐵共有8條路線載客營運。其中的御堂筋線從新大阪站到北區的樞紐——梅田，再連接南區的中心——難波，甚至是天王寺等地，是一條主要交通動脈，也是觀光時的利器。

JR

JR路線經過大阪站、天王寺站，繞整個大阪一圈，也有很多連通大和路線、阪和線的電車，還有部分列車是快速行駛。沿線有許多可以轉乘私營鐵路的車站，包括京橋站（京阪）、鶴橋站（近鐵）、新今宮站（南海）、西九条站（阪神）等車站。

主要區間交通導覽

目的地 ＼ 出發地	大阪站·梅田	心齋橋	難波	新世界·阿倍野	大阪港·天保山	日本環球影城
大阪站·梅田	▷◁	梅田站→地下鐵御堂筋線6分→心齋橋站　240日圓	梅田站→地下鐵御堂筋線8分→難波站　240日圓	梅田站→地下鐵御堂筋線13分→動物園前站　240日圓	梅田站→地下鐵御堂筋線5分→本町站→地下鐵中央線11分→大阪港站　280日圓	大阪站→JR環狀線·夢咲線連通12分→Universal City站　180日圓
心齋橋	心齋橋站→地下鐵御堂筋線6分→梅田站　240日圓	▷◁	心齋橋站→地下鐵御堂筋線2分→難波站　180日圓	心齋橋站→地下鐵御堂筋線6分→動物園前站　240日圓	心齋橋站→地下鐵御堂筋線2分→本町站→地下鐵中央線11分→大阪港站　280日圓	心齋橋站→地下鐵長堀鶴見地線7分→大正站→JR環狀線5分→西九条站→JR夢咲線5分→Universal City站　360日圓
難波	難波站→地下鐵御堂筋線8分→梅田站　240日圓	難波站→地下鐵御堂筋線2分→心齋橋站　180日圓	▷◁	難波站→地下鐵御堂筋線4分→動物園前站　180日圓	難波站→地下鐵千日前線5分→阿波座站→地下鐵中央線9分→大阪港站　280日圓	大阪難波站→阪神難波線9分→西九条站→JR夢咲線5分→Universal City站　360日圓
新世界·阿倍野	動物園前站→地下鐵御堂筋線13分→梅田站　240日圓	動物園前站→地下鐵御堂筋線6分→心齋橋站　240日圓	動物園前站→地下鐵御堂筋線4分→難波站　180日圓	▷◁	惠美須町站→地下鐵堺筋線5分→堺筋本町站→地下鐵中央線13分→大阪港站　280日圓	新今宮站→JR環狀線11分→西九条站→JR夢咲線5分→Universal City站　180日圓
大阪港·天保山	大阪港站→地下鐵中央線11分→本町站→地下鐵御堂筋線5分→梅田站　280日圓	大阪港站→地下鐵中央線11分→本町站→地下鐵御堂筋線2分→心齋橋站　280日圓	大阪港站→地下鐵中央線9分→阿波座站→地下鐵千日前線5分→難波站　280日圓	大阪港站→地下鐵中央線9分→堺筋本町站→地下鐵堺筋線5分→惠美須町站　280日圓	▷◁	天保山→船（Capt. Line）10分→Universal City港　700日圓
日本環球影城	Universal City站→JR環狀線·夢咲線連通12分→大阪站　180日圓	Universal City站→JR夢咲線5分→西九条站→JR環狀線5分→大正站→地下鐵長堀鶴見地線7分→心齋橋站360日圓	Universal City站→JR夢咲線5分→西九条站→阪神難波線9分→大阪難波站　360日圓	Universal City站→JR夢咲線5分→西九条站→JR環狀線11分→新今宮站　180日圓	Universal City港→船（Capt.Line）10分→天保山　700日圓	▷◁

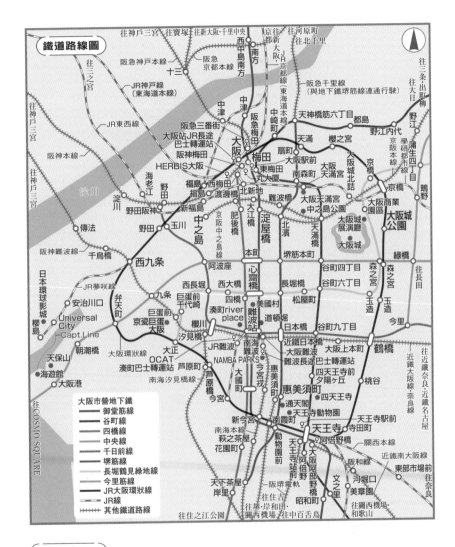

鐵道路線圖

大阪市營地下鐵
- ━━ 御堂筋線
- ━━ 谷町線
- ━━ 四橋線
- ━━ 中央線
- ━━ 千日前線
- ━━ 堺筋線
- ━━ 長堀鶴見線地線
- ━━ 今里筋線
- ━━ JR大阪環狀線
- ━━ JR線
- ╫╫╫ 其他鐵道路線

優惠票券

● 大阪周遊卡（大阪地區版）

1日券2300日圓、2日券3000日圓，可無限次自由搭乘市營地下鐵、NEW TRAM（新電車）、市營巴士。1日券還可在大阪地區的私營鐵路（阪急、阪神、近鐵、南海、京阪）的指定區間內自由搭乘。大阪周遊卡除了可免費參觀28個觀光景點之外，還有其他景點、餐廳、商店的優惠。在大阪市遊客資訊中心（梅田、難波）及地下鐵各路線均有發售。另有販售將私營鐵路沿線納入自由搭乘區間的地區擴大版周遊卡（僅發售1日券，每張2600～2900日圓）。（洽詢專線：SURUTTO KANSAI協議會 ☎06-6258-3636）

●ENJOY ECO CARD

可自由搭乘大阪市營地下鐵、NEW TRAM（新電車）、市營巴士全線一整天，還附有海遊館、通天閣、大阪城天守閣等具代表性的觀光景點門票折扣優惠。每張800日圓（週六日、假日為600日圓）。地下鐵各站的票券販賣機皆有販售。（洽詢專線：大阪市交通局 ☎06-6582-1400）

INDEX

觀光景點　用餐　咖啡廳

從名字搜尋

購物　　夜間娛樂　　住宿

INDEX

觀光景點　用餐　咖啡廳

購物　夜間娛樂　住宿

來趟發現「心世界」的旅行

mani
mani

漫履慢旅
大阪
休日慢旅 ③

【休日慢旅3】
大阪

作者／JTB Publishing, Inc.
翻譯／張嘉芬
校對／王凱洵
編輯／陳宣穎
發行人／周元白
排版製作／長城製版印刷股份有限公司
出版者／人人出版股份有限公司
地址／23145新北市新店區寶橋路235巷6弄6號7樓
電話／（02）2918-3366（代表號）
傳真／（02）2914-0000
網址／www.jjp.com.tw
郵政劃撥帳號／16402311人人出版股份有限公司
製版印刷／長城製版印刷股份有限公司
電話／（02）2918-3366（代表號）
經銷商／聯合發行股份有限公司
電話／（02）2917-8022
第一版第一刷／2016年10月
定價／新台幣320元

日本版原書名／マニマニ大阪
日本版發行人／秋田 守
Manimani Series
Title: Osaka
©2016 JTB Publishing, Inc.
All Rights Reserved.
First published in Japan in 2016 by JTB Publishing, Inc. Tokyo.
Chinese translation rights arranged with JTB Publishing, Inc.
through Creek and River Co., Ltd., Tokyo.
Chinese translation copyright ©2016 by Jen Jen Publishing Co., Ltd.

國家圖書館出版品預行編目(CIP)資料

大阪 / JTB Publishing, Inc.作；張嘉芬翻譯.
-- 第一版.-- 新北市：人人, 2016.10
面；　公分. -- (休日慢旅；3)
ISBN 978-986-461-066-2(平裝)

1.旅遊 2.日本大阪市

731.75419　　　　　　　　　　　105017397

●「この地図の作成に当たっては、国土
地理院長の承認を得て、同院発行の50
万分の1地方図、2万5千分の1地形図及
び電子地形図25000を使用した。（承認
番号　平26情使、第244－799号）」

● 本書中的內容為2015年11月～12月的
資訊。發行後在費用、營業時間、公休
日、菜單等營業內容上可能有所變動，或
是因臨時歇業等而無法利用的狀況。此
外，包含各種資訊在內的刊載內容，雖然
已經極力追求資訊的正確性，但仍建議在
出發前以電話等方式做確認、預約。此
外，因本書刊載內容而造成的損害賠償責
任等，弊公司無法提供保證，請在確認此
點之後購買。

● 本書中的各項費用，原則上是取材時
確認的消費稅含稅金額。而入園門票等，
沒有特別標示者都是成人的費用。但是，
各種費用還是有可能變動，在前往消費時
請多加注意。●關於交通工具的所需時間
都只是參考時間，請多留意。另外，關於
公共交通工具的車資，使用IC乘車卡時，
部分地區、公司的車資可能會有不同。●
公休日原則上省略新年期間、盂蘭盆節、
黃金週和臨時停業的標示。●本書刊載的
利用時間，原則上為開店(館)～閉店
(館)。最後點菜及入店(館)時間，通
常為閉店(館)時刻的30分～1小時前，
請多留意。●本書刊載的溫泉泉質、效能
為源泉具備的性質，並非個別浴池的功
效；是依照各設施提供的資訊製作而成。

● 本書刊載的住宿費用，原則上單人
房、雙床房是1房的客房費用；而1泊2
食、1泊附早餐、純住宿，則標示2人1房
時1人份的費用。金額是以採訪時的消費
稅率為準，包含各種稅金、服務費在內的
費用。費用可能因季節、人數而有所變
動，請多留意。

See you!

SPECIAL THANKS!

在此向翻閱本書的你,
以及協助採訪、執筆的各位
致上最深的謝意。

隨心所欲、自由自在

來趟發現「心世界」的旅行

港區

0 — 100M

北港 一

A

B

C

島屋

ユニバーサルスタジオ西

P.104 哈利波特禁忌之旅

桜島 二

P.104 鷹馬的飛行

ホテル近鉄
ユニバーサル

ホテル京阪

Universal City站

OSAKA PORT・
MARINA

ユニバーサルスタジオ前

日本環球影城園前酒店

梅町 二

P.79 CANDY SHOW TIME
園前酒店分店(3F)

ユニバーサル・タワー

ユニバーサルシ

P.105 水世界

好萊塢美夢・
乗車遊 P.104

好萊塢美夢・
乗車遊～逆轉世界 P.104

桜島 二

環球影
港灣二

桜島2北

芝麻街
4-D電影魔術 P.105

史瑞克4-D歷險記 P.105

日本環球影城
P.10・102

星魔
光幻
大遊行

桜島 一

桜島 三

侏儸紀公園・乗船遊 P.105

桜島2

櫻島站

桜島2南

蜘蛛俠驚魂歷險記・
乗車遊 4K3D P.105

桜島 一

桜島 二

淀

桜島 三

安

治

川

JR桜島線

阪神高速5号湾岸線

Capt.Line

天保山▲

天保山公園

水上署

港晴 五

天保山大摩天輪

天保山MARKET PLACE

天保山

多根第二病院

築港 三

築港東

172

P.131 海遊館

天保山船客轉運站

海岸通 一

築港 四

大阪港站

5
1 2
6

みなと通 地下鐵中央線

大阪みなと中央病院

天

大阪海上
保安監部

大谷歯科

築港

賀来病院

港住吉神

ホテルシーガル
てんぽーざん大阪

築港 一

善光寺

釋迦院

築港小

大阪水上署

海岸通 一

往COSMO SQUARE站

A

B

C

築

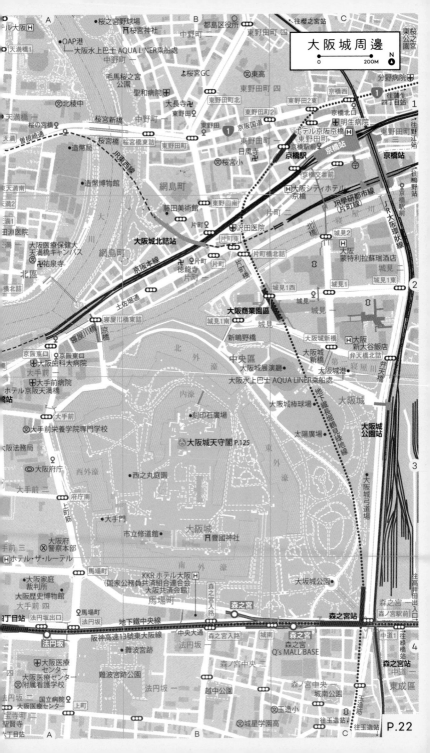

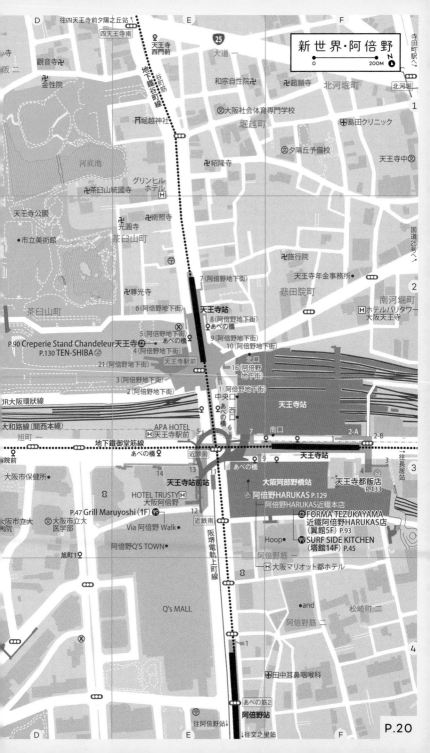

D

往四天王寺前夕陽ケ丘駅↑

四天王寺南

E

25

大道一

天王寺西門前

和宗自性院卍

卍超願寺

北河堀町

北河堀

F

観音寺卍

金性院

堀越神社

大阪社会体育専門学校

堀越町

田島クリニック

1

河底池

紹隆寺

夕陽丘予備校

天王寺中

グリンヒルホテル

茶臼山統國寺卍

天王寺公園

光圓寺卍

卍南照寺

茶臼山町

施行院卍

国道25号へ

天王寺年金事務所

・市立美術館

茶臼山町

尊光寺卍

7(阿倍野地下街)

悲田院町

南河堀町

ホテルバリタワー大阪天王寺

2

P.90 Creperie Stand Chandeleur天王寺
P.130 TEN-SHIBA

6(阿倍野地下街)

天王寺駅

8(阿倍野地下街)
あべの橋

5(阿倍野地下街)
あべの橋

9(阿倍野地下街)

4(阿倍野地下街)

10(阿倍野地下街)

21(阿倍野地下街)

天王寺駅前

16(阿倍野地下街)
北口
地下街

3(阿倍野地下街)

1(阿倍野地下街)

2(阿倍野地下街)

中央口
あべの橋

西口

天王寺駅

JR大阪環状線

大和路線(関西本線)

旭町一

APA HOTEL
天王寺駅前

南口

2-A

2-B

地下鐵御堂筋線

あべの橋

近鉄前

天王寺駅

南口

7

往長居駅

院前

大阪市保健所・

あべの橋

近鉄南

あべの橋

天王寺都飯店
P.133

3

大阪市立大医学部

14

13

HOTEL TRUSTY
大阪阿倍野

天王寺駅前站

11

大阪阿部野橋站

阿倍野HARUKAS P.129
近鐵阿倍野HARUKAS近鐵本店

旭町1

P.47 Grill Maruyoshi (1F)

12

近鉄南

FORMA TEZUKAYAMA
近鐵阿倍野HARUKAS店
(翼館5F) P.93

大阪市立大病院

Via 阿倍野 Walk・

Hoop・

SURF SIDE KITCHEN
(塔館14F) P.45

阿倍野Q'S TOWN・

阪堺電軌上町線

阿倍野筋

大阪マリオット都ホテル

Q's MALL

・and

松崎町二

阿倍野筋二

1

田中耳鼻咽喉科

4

あべの筋2

阿倍野站

往阿倍野駅↓

往文之里站↓

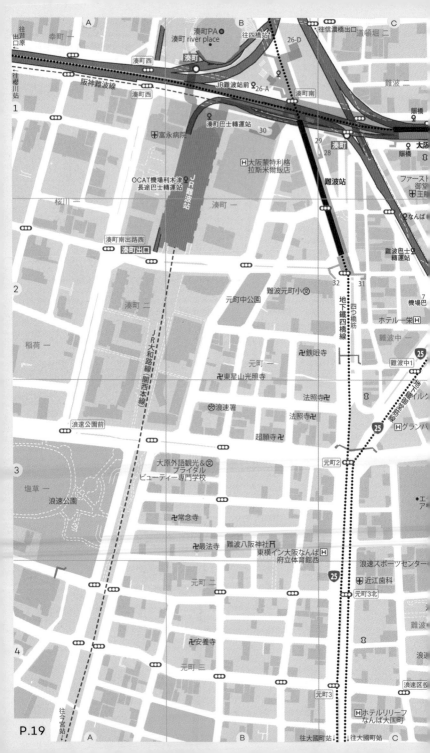

D | E | F

大阪松竹座
●法善寺横丁 P.127
RABIYA COFFEE◉ P.95
●Wasabi P.41
卍千日山弘昌寺
道頓堀美津の P.32

卍法善寺
難波 一
P.32 おかる
丸福珈琲店千日前本店 P.95
日本橋◉

NAMBA WALK (地下街)
戎橋
●ラウンドワン スタジアム B-20
大阪フローラルイン難波
千日前 一

日本橋站
日本橋 一
往谷町九丁目站 1

地下鐵千日前線
B-22
日本橋1

千日前線
戎橋
難波 三
阪神高速15號堺線
近鐵難波線
B-23
5
近鐵日本橋站
川端内科 クリニック 9
往大阪上本町
日本橋 一

BIC CAMERA
B-21
千日前 二
10
黑門市場 P.127
神龍院 卍

●551蓬莱 戎橋本店 P.128
●自由軒 P.46
戎橋筋商店街
●重亭 P.47
●RIKURO叔叔的店 難波本店 P.119
P.119 北極
ROYAL CROWN (2F)
スーパーホテル なんば・日本橋 P.57
日本橋 一
立松歯科

オリエンタルホテル
味園ビル●
福太郎 P.33
日本橋2
日本橋 二

●難波丸井百貨
なんば南海通
ナンバプラザホテル
たこ焼道楽わなか 千日前本店 P.35
鉄板居酒屋 鉄板野郎 (2F) P.57
海野産婦人科

(降車)
E-5
難波花月劇場 P.114
中田歯科
黑門公園

NAMBA NANNAN (地下街)
E-7 YES・NAMBA 大樓
ビジネスホテルニッセイ
井本歯科医院
地下鐵堺筋線

高島屋 大阪店 P.75
難波 五
P.126 NMB48劇場 (B 1F)
釜たけうどん P.39
難波千日前公園

P.115 吉本漫才劇場 (5F)
STAND AJITO◉ P.57
千日前道具屋筋商店街
Juke.Golf Club
日本橋3

イスホテル 南海大阪
P.57 丑寅
難波CITY
千日地蔵尊通り横丁
塩糀バル遊 (1F) P.57 P.127

長途巴士轉運站
南海難波
難波站
難波中2

ホテル菊栄
●高島屋東別館
日本橋 三

NAMBA PARKS
難波中 二
日本橋小

ホテルヒラリーズ 日本橋公園
日本橋 三

阪神高速1號環狀線
日本橋3南

南海本線・高野線
中辻歯科医院
安養寺 卍
堺筋
井上医院

難波中 二
佐久間医院

ヤマダ電機●
東横イン大阪 なんば日本橋
日本橋東

東1
難波中 二
日本橋西 一
日本橋 四

出口
D
往新今宮站 E
日本橋 四
往惠美須町站 F
日本橋東 二 4

0　100M　N

往堺筋本町站

1

D

E

F

T站

新3北

3

HOTEL TRUSTY 心齋橋 P.133

南船場 二

大阪
南船場郵局 南船場 三

●ラウンドワン

2

Hotel Villa Fontaine
大阪心齋橋
Glorious Chain Café
心齋橋 P.90

●東急ハンズ

Hearton Hotel 南船場

ネストホテル
大阪心齋橋

長堀橋
2-B

往松屋町站

心斎橋

牟田会牟田耳鼻咽喉科

長堀橋 1

長堀橋

308　長堀通

橋站

地下鐵長堀鶴見綠地線

5-B

長堀橋站

三休橋

三休橋

5-A

3

アークホテル
大阪心斎橋

鰻谷

橋筋一

●大丸心斎橋店北館

東心斎橋

東心斎橋 一

ベストウェスタンホテル
フィーノ大阪心斎橋

信楽寺

誓得寺

長堀橋站

2

大丸前

5

3

6

●大丸心斎橋店本館(改建中)

南小

南郵便局前 7

6

心斎橋筋

青水町

南小

大阪南郵局

心斎橋筋商店街 P.126

gram 心斎橋本店 P.89
大阪
心斎橋郵局

南署
八幡筋

島之内 一

3

コンフォートホテル
大阪心斎橋

フーディアム●

堺筋周防町

周防町

長崎堂 心齋橋本店 P.76

周防町通

地下鐵堺筋線

高田歯科

八幡町

川崎歯科

東心斎橋 二

堺筋八幡町

金子ビル　心斎橋筋 二
COCOA SHOP AKAITORI (2F) P.128

柳谷内科

大阪富士屋ホテル

dormy Inn PREMIUM 難波

宝山大福院三津寺

島之内 二

くら本

三津寺町

堺筋道頓堀

宗右衛門町

クロスホテル大阪

ホテル
ビスタグランデ大阪

産科婦人科
飯島病院

道頓堀固力果
霓虹招牌 P.106

大阪王將道頓堀本店 P.108

イビススタイルズ大阪

法安寺南坊

堀橋

かに道楽
道頓堀本店 P.108

唐吉軻德

宗右衛門町通

日本橋北詰

番北詰

道頓堀水上觀光船乗船處 P.126
太左衛門碼頭

戎橋

たこ家
道頓堀くくる 本店 P.35

づぼらや道頓堀店 P.109

太左衛門橋

相合橋

日本橋

大和屋
本店

ひさみ
旅館

原田病院

南詰

中座食倒大樓 P.108
道頓堀今井 P.127

道頓堀商店街

創業昭和四年新世界元祖串
かつ達磨道頓堀店 P.109

妙見宮白安寺

大阪松竹座

法善寺横丁 P.127

金龍ラーメン道頓堀店 P.109

浮世小路

道頓堀美津の P.32

燦路都飯店
大阪難波

難波 一

法善寺

Wasabi P.41

千日山弘昌寺

往日本橋站

D

E

F

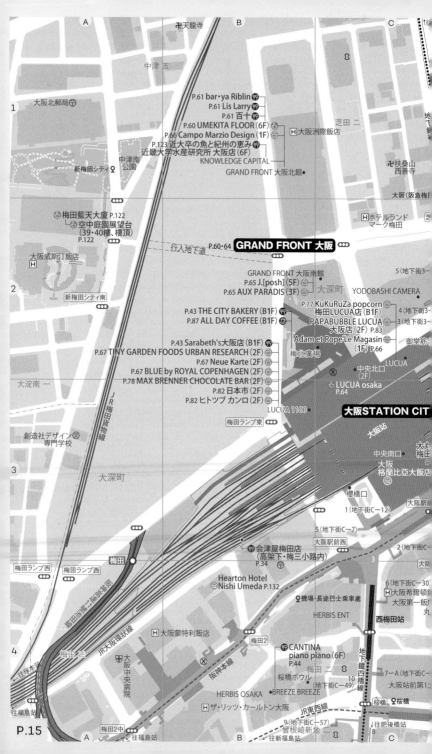

P.91 Muu Muu Diner Fine Hawaiian Cuisine (3F)

茶屋町

NU chayamachi Plus

綱敷天神社御旅所

NU chayamachi P.123

ベルェベルビューティコミュニケーション専門学校

Butter 茶屋町 (2F) P.89

阪急茶屋町口 (2F)

阪急三番街

阪急梅田站

阪急飯店

阪急中央口 (2・3F)

茶屋町

梅田オーバ

阪急三番街

歯神社

HEP FIVE 摩天輪 (7F) P.122

角田町

HEP FIVE

都島通

新梅田食道街

きじ本店 (1F) P.33

松葉總本店 (1F) P.36

ヨネヤ P.37 (地下街・Whity梅田内)

6 (地下街F5~50)

梅田站

HEP NAVIO

Unir 阪急梅田本店10F SOUQ店 P.87

阪急梅田本店 P.74・123

10 (地下街F-14)

梅田 (阪急)

12 (地下街F-16)

Whity梅田 (地下街)

阪神前 13

阪急前 1

阪急東

ラウンドワン

阪急東通商店街

美舟 P.30

雪ノ下 梅田本店 P.88

堂山町

大阪富国生命ビル

曽根崎警察署

曾根崎東

円頓寺卍

こーとれっと知留久 (2F) P.41

曽根崎署

2 (地下街H-68)阿初天神通商店街

東梅田站

神梅田本店 P.74

阪神名物花枝焼 (B1F) P.123

TUME DIAMOR大阪店 (下街・DIAMOR大阪内) P.87

9 (地下街F-51)

8 (地下街F-54)

大阪站前第4大樓

神 (B2F) P.37

梅田1東

大阪站前大樓 P.122

第2大樓

大阪站前第3大樓

曽根崎新1

梅田新道

梅田はがくれ (B2F) P.38

うどん棒 大阪本店 (B2F) P.39

4 (地下街H-76)

6 (地下街H-80)

鉄燼CHOI URASAN (3F) P.55

7 (地下街H-82)

焼とんyaたゆたゆ P.55

阿初天神裏参道 P.54

梅田

曾根崎

le comptoir P.55

梅田OSホテル

大阪駅前

阿初天神 (露天神社) P.54

曾根崎

梅田新道

往淀屋橋站

梅田東

曾根崎通

往天神橋筋六丁目站

済美公園

P.73 ANDANTE

中崎町站

P.73 動物雑貨ONLY PLANET

善徳寺卍

ホテルグリーンプラザ大阪

中崎西 二

万歳町

地下鉄谷町線

JR大阪環状線

金臺寺

ホテル近畿

綱敷天神社卍

ホテルイルモンテ

カプセルホテル・イン大阪

堂山町

大阪東急REIホテル

扇町通

太融寺

太融寺卍

太融寺町

新御堂筋

ホテル法華クラブ大阪

兎我野町

ホテル関西

善覚寺卍

圓通院卍

本傳寺卍

法界寺卍

西天満 六

R&Bホテル梅田東

ザ・ホテルノース大阪

白井歯科

法清寺卍

善正寺卍

往南森町站

P.14

P16-17 心齋橋・美國村・道頓堀

往豐中
新十三大橋
中津浜
中津6
中津5
大淀中2
大淀中1
大淀中1南
大淀中学校北
あみだ池筋
大淀中学校前
大淀医専
大淀中学校南
吉本診療所
大淀中 三
大淀南交番前
なにわ筋
横超山圓勝寺
大淀南1
素盞烏尊神社
清風寺
金蘭会高
福島6北
福島7北
福島6南
福島7
大阪動物
専門学校
福島8
聖天通北

往豐中 往十三站
菅本医院
永照寺
北スポーツ
センター 中津站
大淀
税務署
大淀
署
済生会
病院前
中津病院
なにわ歯科
衛生専門学校
平成医療学園
専門学校 中津六
中津第2校舎
大龍寺
中津 五
梅田
藍天大廈
光満寺
ウェスティン
ホテル大阪
新梅田シティ南
大淀南公園東
創造社
デザイン専門学校
梅田ランプ東

176
中津站
地下鉄中津駅
地下鉄中津駅南
ハートンホテル
北梅田
東横INN梅田
ホテル
インターナショナ
宝塚大大阪梅田
キャンパス
新阪急酒店別館
御堂筋線
地下鉄
御堂筋線
扶桑山
善導寺
芝田1
芝田
大阪洲際飯店
GRAND FRONT
大阪北館
ホテルランドマーク梅田
行人地下道
GRAND FRONT
大阪南館
YODOBASHI
CAMERA
御堂筋北口
大深町
梅北廣場
JR大阪三越伊勢丹
梅田ランプ東
LUCUA
梅田
グランヴィア
大阪
大阪站
梅田站
大阪駅前
大阪駅前
梅田
Hearton Hotel
西梅田
大阪
蒙特利飯店
西梅田站
梅田2
大阪
中央病院
桜橋ボウル
梅田
梅田2中
ザ・リッツカールトン
大阪
梅田ランプ西
北區 大阪駅前
大阪駅第一飯店
大阪希爾頓酒店
P.59 和 CUCINA HATTORI (2F)
7-A
7-B 桜橋東
北新地站
北新地S
曽根崎新地大樓
P.48 カレーや
デッカオ
(5F)
P.59
秋やま
堂島アバンザ
P.59 天ぷら
旬楽庵 おばた
(2F)
ANAクラウンプラザ
ホテル大阪

往新大阪站 P.39 た
うと
中津站

JR梅田貨物線

2

P.51 BANDA
上福島小
P.51 MACELLERIA di
TAKEUCHI
P.51 BAR
PORCINI
新福島站
福島天満宮
福島寺
福島西通
福島小
西番号
本遇寺
P.9

阪神電車本線
福島站
福島 五
梅田寺
光
院
浄正院
福島站
地蔵尊
出入橋
ホテル阪神
parlor 184 P.51
P.45 Wine Kitchen Souple 29 (1F)
P.42 Dallmayr Cafe & Shop (1F)
大阪中之島
合同庁舎
堂島
RIVER
FORUM
上天神南
P.43 BOGART'S CAFE (1F)
関西電力病院
玉江橋北詰
玉江橋
玉江橋南詰
P.124 國立國際美術館

foodscape!
P.80
堂島3
新出入橋東
ホテルビスタ
プレミオ堂島
堂島1
P.132 HOTEL
ELSEREINE
OSAKA
CANELÉ du
JAPON
doudou
堂島ホテル
渡辺橋北詰
田蓑橋
北詰
田蓑橋
田蓑橋詰
ダイビル本館
中之島
市立科学館前
中之島 四
三井花園飯店
大阪普米爾
アパホテル
リーガ中之島イン
大阪肥後橋駅前
肥後橋站

堂島
渡辺橋
四
地
下
線
鉄
渡辺橋南詰
出入橋
FESTIVAL TOWER
FESTI BA
HALL
中之島
渡辺橋
肥後橋
北詰
中之島1-B
肥後橋站

A B C

大阪市北部

0   300M

N

mani
mani

將城市縮小帶著走

Compact Map

可以拆下
來使用喔

大阪